新媒体时代高校价值观教育创新研究

黎钴仪 杜兴发 著

中国华侨出版社

图书在版编目（CIP）数据

新媒体时代高校价值观教育创新研究/黎钻仪，杜兴发著.--北京:中国华侨出版社,2024.12.
ISBN 978-7-5113-9424-8
I.G641
中国国家版本馆CIP数据核字第20240DY338号

新媒体时代高校价值观教育创新研究

著　　者：黎钻仪　杜兴发
责任编辑：刘晓燕
封面设计：郭　婷
美术编辑：张　默
经　　销：新华书店
开　　本：710mm×1000mm　1/16开　印张：12.5　字数：293千字
印　　刷：北京四海锦诚印刷技术有限公司
版　　次：2024年12月第1版
印　　次：2024年12月第1印刷
书　　号：ISBN 978-7-5113-9424-8
定　　价：58.00元

中国华侨出版社　北京市朝阳区西坝河东里77号楼底商5号　邮编：100028
发 行 部：（010）88893001　　　传　　真：（010）62707370
网　　址：www.oveaschin.com　　E-mail：oveaschin@sina.com

如果发现印装质量问题，影响阅读，请与印刷厂联系调换。

前 言

由于第三次工业革命的浪潮,正在将人类社会推向了一个新媒体时代。源自技术术语的新媒体,已经成为一个蕴含着文化传递与交流、社会群体生存与人际交往等具有复杂语义的时代命题。,高校的价值观教育面临着前所未有的机遇与挑战。随着数字技术的快速发展,新媒体已经触发了全球社会变革的社会化媒体,对大学生的认知结构、价值观等产生了深刻且广泛的影响。新媒体的持续发展不断催生的数字化、网络化和移动化,改变了人的感知方式和交往方式,影响了人们的社会关系和社会结构。习近平总书记在大报告。高校价值观教育虽已经进入了相对成熟和发展时期,但时代的发展和科技革命,高校要在新媒体的大趋势下充分把握机遇与应对挑战,持续发挥优势、赢得主动,对传统的价值观教育进行改革与创新,推动价值观教育传统优势与新媒体的深度融合,在新的历史条件下保证价值观教育的有效性实现。新媒体通过社交媒体、在线课程、视频平台等多样化渠道影响着教育者与受教育者,因此,促进价值观教育与现代新媒体技术的深度融合,建构新媒体时代新要求的价值观教育内容、方法、过程、载体的体制体系,是推进新媒体时代价值观教育创新的必然要求和迫切需要。

本书的研究以马克思主义哲学辩证唯物主义和历史唯物主义为指导,立足于新媒体对高校学生价值观塑造的影响,结合传播学、教育心理学、思想政治教育等理论,深入探讨新媒体环境下高校价值观教育的现状、理论基础、技术支持、内容创新、模式创新、实践路径及其未来发展方向,力求为高校价值观教育提供创新的路径和策略。本书的目的是帮助高校教育工作者深入理解新媒体技术对学生价值观的影响，探讨如何通过数字化工具、社交媒体、虚拟现实等技术手段实现价值观教育的精准化、互动化和个性化，推动高校价值观教育与社会责任的有机结合。书中的各章节不仅适用于从事高校教育和教育研究的专业人士，还为政策制定者提供理论支持与实践指导。

笔者在写作本书的过程中，借鉴了许多前辈的研究成果，在此表示衷心感谢。由于本书需要探究的层面比较深，对一些相关问题的研究可能不透彻，加之写作时间仓促，书中难免存在一定的疏漏之处，恳请前辈、同行以及广大读者斧正。

目 录

第一章 新媒体赋能高校价值观教育的基本态势 ········· 1

 第一节 新媒体时代高校价值观教育面临的新形势 ········· 1
 第二节 新媒体时代高校价值观教育现状分析 ········· 18
 第三节 新媒体时代高校价值观教育面临的新机遇 ········· 29
 第四节 新媒体时代高校价值观教育面临的新挑战 ········· 34

第二章 新媒体时代高校价值观教育创新的理论基础 ········· 39

 第一节 马克思经典作家关于人与环境的辩证关系 ········· 39
 第二节 思想政治教育学原理 ········· 42

第三章 新媒体时代高校价值观教育创新的实践基础 ········· 45

 第一节 新媒体技术的发展形势 ········· 45
 第二节 新媒体时代高校价值观教育内容呈现的新特点 ········· 49
 第三节 新媒体在高校价值观教育实践中的深度应用 ········· 52
 第四节 新媒体时代价值观教育实践路径的新变化 ········· 63

第四章 新媒体时代高校价值观教育内容体系创新 ········· 68

 第一节 新媒体环境下高校价值观教育内容体系创新的依据 ········· 68

第二节　新媒体环境下高校价值观教育内容体系创新的原则 …………… 70

第三节　新媒体环境下高校价值观教育内容体系创新的要求 …………… 73

第四节　新媒体时代高校价值观教育内容体系创新的结构设计 ………… 75

第五章　新媒体时代高校价值观教育的模式创新 ……………………… 80

第一节　互动式教学模式在高校价值观教育中的应用创新 ……………… 80

第二节　项目式学习模式与高校价值观教育的融合创新 ………………… 84

第三节　混合式教学与高校价值观教育的协同创新 ……………………… 91

第六章　新媒体时代高校价值观教育的实践创新 ……………………… 99

第一节　打造价值观教育的新媒体社交平台 ……………………………… 99

第二节　拓展校园文化阵地与新媒体的融合 ……………………………… 109

第三节　创新新媒体时代价值观教育的实践 ……………………………… 121

第七章　新媒体时代高校价值观教育评估反馈机制创新 ……………… 124

第一节　高校价值观教育效果的评估原则 ………………………………… 124

第二节　新媒体平台上学生价值观反馈的分析与应用 …………………… 129

第三节　数据驱动的高校价值观教育动态评估机制 ……………………… 136

第四节　持续改进高校价值观教育的反馈机制 …………………………… 146

第八章　高校价值观教育中的媒介素养 ………………………………… 149

第一节　思想政治教育工作者媒介素养的基本构成与培养 ……………… 150

第二节　大学生的新媒介素养培育与发展 ………………………………… 177

第三节　媒体素养与高校价值观教育的实践应用 ………………………… 184

参考文献 …………………………………………………………………… 189

第一章 新媒体赋能高校价值观教育的基本态势

"一切从实际出发""理论与实践相结合""历史与逻辑相一致"是马克思主义"解释世界"和"改变世界"的基本方法论,也是提出"新媒体时代高校价值观教育"这一问题的指导思想与方法论依据。"事实"是指"最简单、最普遍、最基本、最平凡的事实"[①],要考察新媒体时代高校价值观教育的现实基础,就必须从目前的现实出发,从新媒体时代下大学生的生存生活的现状出发。

第一节　新媒体时代高校价值观教育面临的新形势

新媒体时代,高校价值观教育面临着前所未有的机遇与挑战,一方面,随着社会环境、文化环境的变化,大学生的生活、学习和心理都发生了变化,大学生群体的价值观发生了变化。另一方面,由于新媒体技术的快速发展,人在信息信息、信息内容与形式、社会方式等方面发生重大的变化。作为新媒体成为价值观传播与教育的一种新形式,对大学生的价值判断与思想观念形成产生了影响,给高校价值观教育带来了变化。因此,认真研究大学生群体的价值观变迁的变化以及大学生运用新媒体的基本形式,是做好新媒体时代高校价值观教育的首要工作。

一、大学生群体价值观变迁的特征

中国社会正面临利益分化、体制加速转型时期,面对社会生活的变迁,尤其

---

① 侯惠勤. 马克思主义方法论的四大基本命题辨析. 哲学研究. 2010年第10期.

是由利益分化带来了利益主体和利益诉求的多元化，大学生群体的价值认知呈现出"多元并存，新旧冲突"的新特征。

（一）多元化与个性化的显现

当代大学生的价值观呈现出显著的多元化与个性化特征，深刻反映了社会变革与全球化进程带来的影响。随着经济全球化的推进，学生们接触到多元的文化和思想观念，传统的价值体系受到了广泛的挑战。在这种背景下，大学生们开始重新审视自我与社会的关系，探索更符合个人内心需求的价值标准。这种转变使他们在面对家庭、社会和文化期望时，展现出更强的独立思考能力。许多学生追求自我表达与个性彰显，渴望通过独特的生活方式与观点展现自我，更加地追求"自我实现"。"自我实现"是马斯洛需要层次理论中的最高层，是自我认知、自我规范、自我完善和发展的成长过程，是主体自我价值和社会价值的实现。"从人的人性中可以看出，人总是不断地寻求一个更加充实的自我，追求更加完善的自我实现"[1]。萨特也指出："你是自由的，所以你选择吧——这就是说，去发明吧。没有任何普遍的道德准则能指点你应该怎样做：世界上没有任何天降的标志"[2]。多元化与个性化并存的价值追求，是大学生群体在长期的社会实践过程中形成的将自我价值与社会价值统一的价值取向。这样的选择反映了他们对个人自由与自我实现的重视，强调了内心世界的价值。

在多元化的影响下，大学生对传统文化的理解也趋于多样化。他们不仅表现对于旧事物、旧制度的批判与重构，更融入了新时代的元素，形成独特的价值取向，使他们成为一个时代最鲜活的元素。这种融合不仅使他们在文化认同上更加包容，还促使他们在社交中展现出开放与理解的态度，始终表征了时代的精神实质。大学生们能够在不同文化背景中找到共鸣，促进文化的交流与互动，自觉地学习、吸收、选择现代文明的优秀成果，保持自身的先进性。此外，随着信息技术的飞速发展，大学生在网络空间中接触到各种思想和观念，在不断地成长的过程中不断地探索新的价值理念，搭建新的价值框架，以新的表达方式彰显了自身

---

[1] 马斯洛:《人的潜能和价值》.华夏出版社.1987年版，第398页.
[2] 萨特.《存在主义是一种人道主义》，上海译文出版社1988年，第16页.

的价值观。

社交媒体平台成为他们获取信息和表达自我的重要途径，学生们通过这些平台参与社会讨论、分享个人观点，甚至倡导社会变革。这种新兴的社交方式使得他们在多元文化中找到自己的位置，提升了他们的社会参与感与责任感。当代大学生在形成价值观的过程中，也受到社会环境的深刻影响。在面对全球性问题如环境变化、社会不平等时，大学生表现出较强的社会责任感。他们关注社会公正与公平，积极参与志愿服务与社会公益活动。这种行动不仅是对自我价值的追求，也反映了他们对社会的关注与思考，展现了新一代大学生的价值取向。

（二）社会责任感的增强

近年来，大学生群体对社会责任的关注逐渐增强，显示出他们在社会事务中的积极参与和关注。许多大学生主动投身于社会公益活动、志愿服务和环保行动，表现出对社会问题的敏感和关切。这样的转变反映出他们对社会公平与正义的深切追求，彰显出新一代大学生的社会责任感与担当意识。大学生的公益参与在很大程度上源于对社会现象的深入观察与思考。在学习和生活中，他们接触到各种社会问题，如贫困、教育不平等、环境污染等，这些问题激发了他们的社会责任感。通过参与社会服务和公益项目，大学生们不仅能够为社会贡献自己的力量，也在实践中加深了对社会问题的理解。这种积极参与行为帮助他们建立了更为广泛的社会视野，体现了大学生为社会主义现代化强国建设的政治使命与任务。毛泽东同志在《关于正确处理人民内部矛盾的问题》中指出："无论是知识分子，还是青年学生，都应努力学习，除了学习专业之外，在思想上要有所进步，政治上也有所进步，这就是需要学习马列主义，学习时事政治，没有正确的政治观点，就等于没有灵魂。"[1]

在信息化和全球化的背景下，社会各界对大学生的期望不断提升。大学生被寄予厚望，希望他们能够发挥自己的知识与能力，为社会的进步做出贡献。这种社会期望促使他们更加关注社会问题，形成了一种正向的责任意识。在这一过程中，大学生们认识到自己的行动能够对社会产生积极影响，从而激励他们投身于

---

[1]《毛泽东文集》第七卷，人民出版社，1999年版，第226页。

各类志愿服务与公益活动。不仅如此，许多大学生选择将社会责任与个人发展结合起来，推动了自身能力的提升。他们通过参与志愿服务，不仅可以积累实践经验，还能提升团队合作、沟通能力等软技能。这些经验不仅为他们未来的职业发展奠定了基础，也使他们在参与过程中意识到社会责任的重要性。这种个人成长与社会责任的结合，成为大学生价值观变迁的重要组成部分。

越来越多的高校通过开设相关课程、组织社会实践活动，鼓励学生关注社会问题。这样的环境使大学生在日常学习和生活中，能够更好地理解社会责任的意义，并激励他们积极参与各类公益项目。这种文化氛围不仅培养了他们的社会意识，也为他们的价值观形成提供了坚实基础。大学生的社会责任感增强不仅局限于个人行动，他们还积极利用社交媒体等新兴平台，呼吁社会关注和参与。这种行动不仅让他们的声音被更多人听见，也促进了社会对问题的广泛讨论。通过分享志愿服务的经验、发起公益活动，大学生们在网络空间中积极塑造和传播社会责任感，从而形成了强大的社会影响力。这种现象表明，新一代大学生在追求个人理想的同时，始终不忘对社会的关心与担当，展现出他们作为未来社会栋梁的潜力与信心。

（三）价值信息获取途径"虚拟化"

科技的迅猛发展，尤其是互联网和社交媒体的广泛应用，深刻改变了大学生的价值观形成过程。"新媒体场域具有虚拟性、无限延展性的特征拓展了高校思想政治教育的空间。但同时，新媒体场域的不确定性、多变性的特征使得新媒体场域中信息传播和舆论演变速度加快，呈现出多变、易发酵、'圈层化'的特征，难以准确预判信息走向。"[①] 信息的获取与传播方式的变革，大学生的社交信息获得从直接变成间接，从面对面变成了数字与数字，深受网络虚拟环境中，大学生能够以更快的速度接触越来越多的数据与信息。这一变化促使他们在获得价值信息速度变得有效率，价值观念上变得更加开放与包容，展现出对不同文化和思想的接受度。同时，新媒体的发展为大学生捕捉价值信息提供了丰富的信息

---

① 程京武，熊枫. 新媒体场域中高校思想政治教育供需互契问题研究 [J]. 学校党建与思想教育，2023，(02)：66-68.

资源，他们可以通过网络来获得知识和丰富生活，学生能在学习的过程中熟悉地运用互联网，将互联作为自己的第二个学习空间，扩展了价值观信息的来源。在这样一个信息爆炸的时代，大学生在这个过程中不断地提出问题，通过价值信息的筛选与判断，培养自己的思维能力，提升自身的知识储备量。

大学生通过各种网络平台如微信、微博抖音和 Instagram，学生们能够随时随地与朋友和家人保持联系，分享生活点滴。这种即时的沟通方式不仅拉近了彼此的距离，也使他们更容易接受多元文化和不同生活方式。在交流中，学生们逐渐学会了欣赏他人的差异，形成更加宽容的价值观。许多年轻人受到网络流行文化的熏陶，参与到各种网络活动中，如在线游戏、直播和短视频创作等。这些活动不仅丰富了他们的业余生活，也使他们在追求个性和自我表达的过程中形成独特的价值取向。这种自我表达的方式，让他们更加关注个人的兴趣与爱好，而非单纯迎合传统的期望。

网络社会的互动性促使大学生更加关注社会问题和公共议题。他们在社交媒体上参与讨论，表达对社会现象的看法，形成了强烈的社会参与意识。通过网络平台，学生们可以轻松接触到社会运动、公益活动和政治参与的信息，激发了他们对社会责任的重视。这种参与意识不仅增强了他们的公民意识，也促使他们在价值观上向积极向上的方向发展。在这一背景下，科技的影响使得大学生在形成价值观时更具灵活性与适应性。面对快速变化的社会环境，他们能够迅速调整自己的观点和态度，以适应新的信息与文化。这样的转变不仅体现在个人层面，也对社会的整体价值观发展产生了深远影响，使得整个社会变得更加包容与开放。

（四）传统与现代价值观的分异

新媒体成为重要的生产方式，影响着社会的各个方面。大学生在接触不同的媒体，看待问题和事物的方式也不同，行为方式也发生了变化。在当代社会，传统价值观与现代价值观之间的碰撞日益明显，尤其是在大学生群体中，这种冲突愈加突出。"新媒体环境信息传播内容打破了传播媒体信息相对封闭、易于监管的界限，当代大学生作为容易接受新思想和新事物的群体，在新媒体环境中广泛接触着各种价值观念和社会思潮"①。许多大学生在追求个人价值和理想的同时，仍受到传统家庭观念和道德规范的影响，这使得他们在价值观的选择上面临着复杂的矛盾与挣扎。面对当代大学生在学习、生活、思想和成长的新实际新挑战，习总书记指出："利用各种时机和场合，形成有利于培育和弘扬社会主义核心价值观的生活情景和社会氛围，使核心价值观的影响像空气一样无所不在、无时不有。"② 许多大学生倾向于追求自由恋爱和自主选择，重视情感的匹配和个人的幸福。然而，传统观念强调婚姻的稳定性与家庭的责任，很多学生在家庭期望与个人愿望之间感到困惑。这样的冲突导致他们在选择伴侣时常常受到外部压力的影响，产生内心的矛盾与挣扎。

职业选择上也体现了传统与现代价值观的碰撞。一方面，大学生希望追求自己热爱的职业，实现自我价值；另一方面，家庭和社会往往对"稳定"职业的期待仍然根深蒂固。一些学生可能会选择妥协，放弃理想的职业，选择更为传统和稳定的工作。这种选择的背后，是对自我价值的怀疑与对传统期望的顺应，体现出他们在价值观上的犹豫与挣扎。此外，生活方式的差异也揭示了大学生在传统与现代价值观之间的挣扎。现代社会鼓励个性化的生活方式，许多大学生追求自由、独立的生活方式，积极探索各种新兴文化。改革开放40多年，我国大学生的价值观变迁轨迹是在价值目标和价值尺度基于社会转型变迁而不断在人生价值的两个重要方面之间变动调整。③ 然而，传统文化则强调家庭责任和社会责任，要求个体在生活选择上考虑他人的期望。这种两种生活方式的冲突，使得大学生在选择生活方式时面临着道德与情感的双重压力，反映出价值观选择中的困惑。

在此背景下，大学生们逐渐意识到传统与现代价值观并非完全对立，而是可以在一定程度上相互融合与调整。他们在面对传统观念时，开始尝试以更加开放的态度去理解和包容。与此同时，他们也在积极探索如何在保持个性与自由的基

---

① 刘奇. 新媒体环境对当代大学生价值观的影响及引导策略 [J]. 教育探索, 2013, (12): 136-137.
② 《习近平谈治国理政》（第一卷）[M]. 北京：外文出版社, 2018.：165.
③ 祝大勇, 贾立平. 改革开放以来大学生价值观的历史演变、影响因素及其现实启示 [J]. 社会主义核心价值观研究, 2021, 7 (02): 87-96.

础上，寻找与传统价值观的平衡点。这一探索不仅使他们的价值观更加丰富多元，也推动了自我认知的深化和成长。

（五）职业导向的增强

大学生在价值观上的变化越来越显著，尤其体现在对职业发展的重视上。随着就业市场竞争的加剧，许多学生开始将职业发展视为衡量自身价值的重要标准。这种趋势不仅反映了经济环境的变化，也揭示了他们对未来生活的深刻思考。大学生们在选择职业时，薪资和职位固然重要，但他们对职业的社会意义和自我实现的关注程度显著提高。许多学生希望选择能够对社会产生积极影响的工作，例如公益组织、环保项目等，他们希望自己的职业生涯不仅能带来个人收益，更能促进社会的进步与发展。这种价值观的转变表明，他们对于个人与社会的关系有了更深刻理解。

越来越多的大学生在考虑工作时，不再仅仅关注薪资待遇，而是将工作与生活的平衡放在优先位置。许多学生希望拥有灵活的工作时间和良好的工作环境，以便能更好地兼顾个人生活与职业发展。这种对生活质量的重视，体现了他们对幸福感和生活满意度的追求。许多人希望能够在职业生涯中不断学习和成长，追求专业技能的提升和个人发展的机会。他们倾向于选择那些提供培训和发展空间的工作，以实现自我价值和职业目标。这种自我导向的趋势使得大学生更加主动地规划自己的职业路径，以适应不断变化的社会需求。

大学生对职业的重视不仅体现在个人选择上，也引发了对社会整体就业环境的思考。他们开始关注行业发展趋势、职业前景及社会需求，力求在选择职业时做出更为理性的判断。这种变化不仅使他们的职业选择更加符合市场需求，也推动了他们在职业规划上变得更加成熟和全面。通过积极探索和规划，大学生们展现出对未来的责任感和主动性，反映出对自身价值与社会贡献的深刻认识。

（六）生态可持续发展价值观提升

当代大学生对环境保护和可持续发展的关注不断增强，反映出他们对全球性问题的深刻理解。这种意识的提升，不仅体现在个人生活的质量追求上，还扩展到对社会和自然环境的可持续性思考，标志着新一代对生态责任的重视。气候变化和生态危机等问题日益严峻，使大学生们意识到环境保护的重要性。"当代大学生作为传承人类文明和推动社会发展的骨干力量，他们接受过高等教育，其文化素质较高，并且事物的能力较强，对社会的发展具有很大的决策力和影响力。"① 通过学习和社会实践，他们了解到，生态环境的恶化对未来生活的影响深远。因此，许多学生开始积极参与环保活动，例如植树造林、清理海洋垃圾等，通过行动来表达对环境的关切。这种参与不仅增强了他们的环保意识，也培养了团队合作与社会责任感。

在生活方式的选择上，大学生们越来越倾向于采用可持续的做法。他们在日常生活中关注减少塑料使用、选择可再生资源以及支持绿色产品等，这些行为反映了他们对可持续发展的承诺。许多大学生选择步行、骑行或公共交通出行，以减少碳足迹。此外，他们还关注饮食的可持续性，选择有机食品或本地生产的农产品，努力减少对环境的负面影响。他们倾向于支持那些具有良好社会责任感和环保理念的品牌。通过选择绿色消费，大学生们不仅满足了个人需求，也表达了对企业社会责任的关注。这种消费行为的转变，促使商家更加注重环境保护，从而推动整个社会向可持续发展的方向发展。此外，社交媒体的普及也为环境意识的传播提供了新的平台。大学生们通过微博、微信等渠道分享环保知识和经验，积极参与线上活动，倡导环境保护的理念。这种信息传播不仅扩大了环保意识的影响范围，也促进了更多人的参与，形成了良好的社会氛围。

二、新媒体的内涵及特征

对新媒体内涵及特征的把握，是新媒体时代高校价值观教育创新的基本前提和依据，是破解如何运用新媒体进行价值观教育的前提和基础。新媒体作为一个新的概念，第一次出现是在1967年。时任美国哥伦比亚广播电视网络技术研究所所长戈尔马克（P. Goldmark）在一份商品开发计划中首次使用"新媒体"（New Media）这个概念，新媒体作为一新的名词映入了人类的认知世界中。随后，美国传播政策总统特别委员会主席罗斯托（Rostow）在向当时的美国总统尼

---

① 陈树文，郑士鹏. 大学生生态价值观教育的时代价值 [J]. 思想教育研究，2012，（02）：32-35.

克松提出的报告书当中也使用了"New media"这一概念。在1998年5月,在联合国新闻委员会年会上正式提出了"第四媒体"的概念,"第四媒体"指的就是"新媒体",后来新媒体是指区别于报刊、户外、广播、电视等四大传统媒体,意指在新技术支撑体系下出现的"第五媒体",例如电子杂志、手机报、移动电视、网络新闻、网络社区、触摸媒体等。至此,对新媒体这一概念得到了广泛地传播和被人们所认识,不久便成为全世界的热门话题[①],对新媒体的认识,主要有以下几种观点:

第1,新媒体是区别于新媒体的崭新的传播形式和传播载体。蒋宏、徐剑教授认为,新媒体是包括了"光纤电缆通讯、都市双向传播有线电视网、图文电视、电子计算机通讯网、大型电脑数据库通讯系统、通信卫星和卫星直播电视系统、高清晰度电视、互联网、手机短信和多媒体信息的互动平台、多媒体技术以及利用数字技术播放的广播网等"[②],上海戏剧学院陈永东老师指出,新媒体是相对于传统媒体而言的媒体及各种应用形式,主要是指互联网媒体、掌上媒体、数字互动媒体、车载移动媒体、户外媒体及新媒体艺术等,微信和微博等新兴媒体在传播、社交、沟通等方面,都充分体现出新媒体的这些特征[③]。上海交通大学徐剑教授与蒋宏教授从"内涵"与"外延"两方面对新媒体进行定义。他们指出,从"内涵"方面来看,新媒体指在第三次科学革命的大环境下,信息传播领域出现的建立在数学技术之上能够极大地丰富信息传播方式、扩展信息传播空间、加快信息传播速度的新媒体;从"外延"来看,新媒体包括计算机通信类网络、光纤通信类网络、覆盖有线电视网络、互联网、手机端、大型数据通讯类系统、多媒体信息互动平台等。新媒体是一个相对的概念,"新"相对于"旧"而言。从媒体发生和发展的过程来看,随着新技术的发展,新媒体也会不断变化发展。广播相对报纸是新媒体,电视相对广播是新媒体,网络相对电视是新媒体。第二种观点是从技术的层面对新媒体进行定义。联合国教科文组织对新

---

① 宫承波主编:《新媒体概论》,中国广播电视出版社2009年版,第2页。
② 蒋宏、徐剑:《新媒体导论》,上海交通大学出版社2006年版,第14页。
③ 陈永东:《微信之于微博:新互补而非代替》,《新闻与写作》2013年第4期。

媒体的定义为："以数字技术为基础，以网络为载体进行信息传播的媒介。"① 中国人民大学匡文波老师指出："新媒体"是一种通俗的称呼，其严谨表述应是"数字化互动式媒体"。新媒体在传播的过程中是非线性的，信息的发送与接收既可以是同步的，也可以是非同步的。新媒体的概念是动态变化的，它的内涵会随信息技术发展而不断变化，但从传播史角度来看，新媒体是一个时代范畴，会随着时代的变化而发生变化。中国传媒大学宫承波老师指出，新媒体是指"依托数学技术、互联网技术、移动通信技术等新技术向受众提供信息服务的新兴媒体"②。中国传媒大学黄升民老师认为："构成新媒体的基本要素是基于网络和数学所构筑的三个无限，即需要无限、传输无限和生产无限。"③ 第三种是从多媒体与受众群体的互动关系来定义的。"博客中国"发起人、互联网实验室董事长兼首席分析家方兴东认为："新媒体动能来自于人民群众。"。Online 杂志对新媒体的定义是：由所有人面向所有人进行传播。中国人民大学新闻学院匡文波老师指出，新媒体是"数字化互动式新媒体"，是"利用数字技术、通过计算机网络、无线通信网、卫星等渠道，以及电脑、手机、数字电视机等终端，向用户提供信息和服务的传播形态。"④ 这是从更广义的范围内对新媒体概念进行解读。在对"新媒体"作为媒介本身进行解读的过程中，往往是指信息的载体，例如电话、电脑和互联网等，在媒介形态的转换过程中，传播者与受众者的身份与角色发生了转变，信息的传播和加变得日趋多元和复杂，信息的"话语主导权"被分解到个体，这种传播地位的改变打破了传播社会中由于社会分层造成的传播主导权的差异，使得不同社会阶层的人都可以通过新媒体在公共空间中行使话语权，并产生舆论影响和社会影响。

综合以上的观点我们发现，对于新媒体目前没有一个统一的概念，依然存在着种种争论与分歧。这些观点各有侧重。但是从中可以看到一些一致性的内容，即新媒体是相对于传统媒体而言的，其内涵是根据时代的变化而发生相应的变

---

① 陶丹、张浩达：《新媒体与网络传播》，科学出版社 2001 年版，前言第 3 页。
② 宫承波主编：《新媒体概论》，中国广播电视出版社 2007 年版，第 2 页。
③ 转引自蒋宏、徐剑：《新媒体导论》，上海交通大学出版社 2006 年版，第 14 页。
④ 匡文波：《"新媒体"概念辨析》，《国际新闻界》2008 年第 6 期。

化，随着各种终端的不断普及、加上对于新媒体的便捷性有了更高的要求，可以将新媒体定义为以高速、大容量、稳定传播的网络系统以及具备智能操作系统的移动终端作为技术基础，对信息具有传播、加工和反馈功能的新型媒体。所以，我们可以采取北京邮电大学曾静平老师对新媒体的定义，他指出，新媒体是指"运用计算机技术、电信通讯技术、数学广播技术等高科技手段，通过互联网、无线通信网、数字广播电视网和卫星等传播渠道，通过电脑、手机、车船、楼宇广场、飞机、火箭、飞船和MP3、MP4等全天候全方位的多样式接收终端，以个性化、精细化和联动化的传播方式，实现点对点、点对多、多对点以及多对多的传播的泛媒体"[1]。

相比于"旧媒体"而言，"新媒体"又具有哪些特点？对于新媒体的特点，学界存在不同的说法。有学者认为，新媒体"具有交互性和即时性、海量性和共享性、多媒体和超文本、个性化和社群化的特点。"[2] 有学者则表示，新媒体具有数字化、网络化、多元化全球化、小众化、多媒体化、实时性、交互性和广容性等方面的特点。[3] 有学者表示，新媒体具有全时传播、全域传播、全民传播、全速传播、全媒体传播等特征。[4] 有学者指出，新媒体具有交互性、即时性、消解性和多样性[5]。可见，对于新媒体的特点，虽然观点不同，但也存在着较高的一致性。综合上述的观点，我们可以看到，新媒体具有以下几个特点：

第一，信息量大、传播迅速，具有时效性。时效性是新媒体区别于传统媒体的显著特点。传统媒体由于媒体的原因，其传播要受到多种条件的制约和限制，但是新媒体的传统是以数学化为基础，以数据终端为节点，可以快速地将信息传递出去，而且能够承载巨大的信息量。由于新媒体之间的多样性和融合性，大幅缩短了信息传递的速度，达到信息的快速传播。如对于社会突发的一个热点事件，新媒体能够即时和及时进行传播。

---

[1] 曾静平：《新媒体正名》，《中国广播影视》2008年第3期。
[2] 百磊：《新媒体概论》，中国传媒大学出版社2009年版，第15页。
[3] 钱伟刚：《第四媒体的定义和特征》，《新闻事件》2000年第7—8期。
[4] 孟波：《新媒体十大特征》，http://media.people.com.cn/GB/40606/15263170.html。
[5] 刘强、韩明臣、李克周：《新媒体环境下高校学生工作的实践与探索》，《教育教学论坛》2013年第26期。

第二，具有融合性和互动性。新媒体是一种数学化传播，在信息传播的过程中，信息都要进行数学化的转化，然后通过网络通道传播，信息像素图端操作系统将接收到的数字信号还原成信息。由于新媒体不受时空的限制，其传播速度快，在短时间可以将信息发布到所有终端。同时，新媒体具有融合性和互动性。相比于传统媒体而言，新媒体是通过媒体融合形式融合得到信息能够以多种途径和多种方式进行传播。如微信、邮箱、微博等都是通过这些形式的综合体进行多样传播。公众可能通过各个终端参与到信息传递的各个流程，并展开人与人之间的互动与交流。人们可能通过BBS、社区论坛、聊天软件等途径发表自己的意见和观点，同时，其他人也能够通过终端设备给予反馈与评价。

第三，传播的主体具有广泛性和隐蔽性。新媒体是依据终端设备进行传播的，一个人只要掌握住一个终端设备，如一部手机、一台电脑等，就能参与到信息世界的传播与接收。同时，新媒体的用户随着信息技术的发展呈爆发式的增长，数以亿计的人都能够成为新媒体的使用者和广泛的参与者，每一个都参与到信息的传播当中，而且每一个人都能够成为信息的传播源头，同时也是接收的一方，传播的主体具有广泛性。但由于新媒体是由网络数据与终端设备构成的，其在信息传播的过程中个体不需要用真实的身份就能参与到信息的传播与接收当中，因此，其主体具有隐蔽性，这也成了新媒体运用的一个风险因子。

第四，新媒体传播的内容具有多元性和开放性。不同于传统的媒体的信息储存方式，如报纸有版面的限制、广播与电视有播出时间的限制，但新媒体本身就是一个巨大的储存器，可以海量地储存大量的数据，可以容纳丰富的信息内容。同时，新媒体信息来源广泛，任何世界的任何一个角度，只要有网络技术与高端设备，就可以进行信息的流转，因此，其传播的信息内容具有开放性。

"新媒体"的"新"是相对于"旧"而言，是一个相对的概念，随着时代的发展、新技术的不断成熟，新媒体会呈现出更多新的特点。在运用新媒体时，只有把握住其特点，才能使其更好地与时代相结合，更好地适应价值观教育的新要求。

三、大学生运用新媒体的基本形势

通过第54次《中国互联网络发展状况统计报告》中显示，截至2024年6

月，我国网民规模近 11 亿人，其中，青少年占新增网民的 49.0%。[①] 新媒体时代背景下，大学生成为运用新媒体的新势力和主力军。一项调查显示：53.3% 的学生认为个人上网的时间比较多，新媒体对其影响很大；32.4% 的学生则认为新媒体并不能完全主导其自身的价值观；还有 10.6% 的学生认为价值观的形成主要在于学校教育和实践[②]。新媒体给大学生的生存环境带来了影响的同时，同时对高校大学生的信息获取方式、社会方式、学习方式等方面带来了重要的影响，具体体现了以下几个方面：

（一）信息获取方式的转变

大学生群体的信息获取方式正在发生显著转变，越来越多的学生依赖新媒体平台，如社交媒体、新闻应用和视频平台，来满足他们对信息的需求。这一变化不仅提高了信息获取的效率，也使得信息来源更加多样化，从而影响了他们的学习和生活方式。平台如微博、微信和 Instagram 等，为学生们提供了实时更新的新闻和社交动态。在这些平台上，信息传播的速度和广度都增强，大学生能够迅速接触到全球范围内的各种事件和观点，"学生可以通过新媒体更加便捷和高效地获得优质教育资源，随时随地的开放课堂成为可能，这也将进一步提升教育的效率和质量"[③]，这种实时性使得他们能够紧跟时代步伐，及时了解社会热点和公共事务。

通过手机上的新闻应用，学生们可以根据自己的兴趣和需求，选择关注特定的新闻类别，如国际新闻、科技动态或文化艺术。这种个性化的信息获取方式，不仅提高了他们的阅读效率，也使得他们能够更好地掌握所需的信息，增强了对时事的敏感性。相比传统媒体，新闻应用的互动性和可定制性，使得学生在获取信息时有了更大的自由度。许多学生通过优酷、B 站和 YouTube 等平台观看新闻报道、纪录片和教育视频，以更生动的方式了解世界。这种视觉和听觉的结合，

---

① 第 54 次《中国互联网络发展状况统计报告》--互联网发展研究（cnnic.net.cn）
② 王耕. 新媒体视域下高校核心价值观培育策略研究 [J]. 广西青年干部学院学报，2015, 25 (04): 31-33.
③ 竺照轩. 试析新媒体与高校思想政治教育的深度融合 [J]. 学校党建与思想教育，2022, (06): 64-66.

使信息的传达更加直观，增强了学生的理解与记忆。此外，视频内容的多样性和趣味性吸引了大量观众，学生们在获取知识的同时，也享受到了娱乐。

在新媒体环境下，大学生的批判性思维和信息甄别能力显得尤为重要。尽管新媒体提供了丰富的信息资源，但信息的真实性和可靠性仍需谨慎对待。许多大学生开始意识到，在获取信息的过程中，不仅要关注内容本身，更要对信息来源进行评估与判断。他们逐渐培养了从多个角度分析信息的能力，以避免受到虚假信息的影响。与此同时，社交媒体的互动性也促进了大学生之间的信息共享与讨论。许多学生通过社交平台分享自己的观点和见解，形成了良好的讨论氛围。这种互动不仅丰富了他们的信息来源，还鼓励了更多思考和交流。通过与同龄人的讨论，学生们能够拓宽视野，吸收不同的观点，从而更全面地理解问题。新媒体对学习方式的影响同样显著。许多大学生利用在线学习平台、网络课程和论坛，获取课外知识和学习资源。这种灵活的学习方式，使得他们能够根据个人的学习节奏和兴趣进行自我教育，进一步提升了学习的自主性和有效性。此外，网络上的学习社区也为学生提供了交流和合作的机会，增强了他们的学习体验。

（二）社交方式的多样化

新媒体的兴起极大丰富了大学生的社交方式，除了传统的面对面交流，学生们现在可以通过微信、微博、QQ、抖音等多种平台建立和维护人际关系，"信息技术的应用与智能终端的普及，使得虚拟空间走到现实生活中，并不断扩展其内涵"①，这种多样化的社交形式使信息交流变得更加即时，同时也使情感表达更加灵活和多元化。社交媒体平台为大学生提供了新的交流渠道，使他们能够随时随地与朋友保持联系。无论是早晨的问候，还是夜晚的分享，社交媒体让人际关系的维护变得方便。通过即时消息、语音通话和视频聊天等功能，学生们能够更快地传递信息，减少了面对面交流的时间和空间限制。这种高效的沟通方式，使得他们在忙碌的学习生活中，仍能保持紧密联系。

学生们可以通过分享照片、视频和动态来展示自己的生活和心情。这种方式

---

① 刘振海，魏永军，祖强，等. 新媒体时代高校思政教育的高质量发展路径研究——基于社会认知理论的视角 [J]. 江苏高教，2023，(10)：104-108.

不仅能够传达情感，也为朋友间的互动提供了更多的切入点。例如，通过点赞和评论，朋友们可以随时给予反馈，增强了互动的趣味性和即时性。这种多元的情感表达方式，使得友谊的维护更加生动和有趣。许多学生通过这些平台参加各种线上活动，如兴趣小组、学习论坛和社交活动，从而结识志同道合的朋友。这种通过共同兴趣建立的联系，往往比传统方式更具亲密感，能够快速拉近彼此的距离。同时，社交媒体的开放性，使得学生们有机会接触到不同背景和文化的人，拓宽了他们的社交圈。

在信息交流的过程中，新媒体也为大学生提供了更广泛的话题和讨论空间。如在小红书，学生们可以在社交平台上参与热点话题的讨论，分享各自的看法和经验。这种互动不仅提升了他们的表达能力，也培养了批判性思维。通过对不同观点的碰撞与交流，学生们能够在思想上得到启发，促进了个人的成长与发展。尽管新媒体带来了诸多便利，但也存在一定的挑战。网络环境中的信息真假难辨，学生们在获取信息时需要保持警惕，学会辨别真伪。此外，过度依赖虚拟社交可能导致现实人际关系的淡化，使得面对面的沟通能力受到影响。因此，大学生在享受新媒体带来的便利时，也应注重平衡线上线下的交流。

（三）学习与交流平台的利用

新媒体平台的普及为大学生提供了丰富的学习与交流资源，许多学生积极利用这些平台进行在线学习和学术交流。在线课程、学习论坛和学术社群的兴起，不仅拓宽了他们的学习渠道，也促进了同学之间的深入讨论与合作。许多大学生通过 MOOC（大规模开放在线课程）等平台，随时随地访问来自顶尖高校和专家的课程资源。这种学习形式打破了时间和空间的限制，"以数字技术为基础的新媒体实现了去中心化的多元传播方式，每一个个体不仅是信息的制造者和传播者，也是信息的接收者"[1]。新媒体呈现出新的传播方式，让学生可以根据自己的兴趣和需求选择课程，灵活安排学习计划。通过在线学习，他们能够获取到更多前沿知识，提升自己的学术水平。这种自主学习的能力，对于培养学生的独立

---

[1] 刘振海，魏永军，祖强，等.新媒体时代高校思政教育的高质量发展路径研究——基于社会认知理论的视角[J].江苏高教，2023，(10)：104-108.

思考和自我管理能力具有重要意义。

在大学校园里，大学生几乎每天做的事情就是上网搜索，对于各种网络性的技术问题，大多数大学生都能做到应付自如。同时，新媒体很大程度上拓宽了学生的交流视野，学生可以实现不在同一现场即懂得场域的同时交流，他们可以围绕特定主题进行讨论，分享观点和经验，以实现信息沟通与交流互动，这种互动不仅丰富了他们的学术视野，还鼓励了跨学科的交流与合作。在学习论坛上，学生能够通过新媒体所呈现的互性使资源共享成为现实，学生们不仅可以提问和解答，还能通过集体智慧解决难题。这种协作精神促进了知识的共享与传播，为学生们提供了良好的学习氛围。许多大学生通过微信群或 QQ 群建立学习小组，进行课后讨论和资源分享，利用新媒体构建的一个个丰富的信息库，大学生既是信息库的使用者，同时也是信息库的补充者和传播者。这种基于新媒体的非正式的交流方式，改变了传统教育中学生只能依靠书本和老师传授的学习模式，使得学习变得更加轻松和愉快。学生们可以在轻松的氛围中互相激励，共同进步。这种合作学习的模式，不仅提高了学习效率，也增强了同学之间的友谊和团队精神。

同时，学生通过参与学术社群分享自己的研究成果、论文和项目，获得反馈与建议。这种展示不仅增强了他们的自信心，还为将来的学术发展积累了宝贵的经验。学生们在这个过程中学会了如何有效地表达自己的观点，培养了批判性思维和逻辑分析能力。新媒体平台的学习与交流形式为大学生们的全面发展创造了良好的条件。通过灵活多样的学习方式，他们不仅可以提升专业知识，还能锻炼自己的沟通能力和团队协作能力。这种综合素质的提高，将为他们未来的职业发展奠定坚实的基础。

（四）自我表达场域公共性

新媒体的迅猛发展为大学生提供了一个广阔的自我表达平台，许多学生通过博客、视频和社交媒体展示自己的兴趣、观点和才华。这种自我表达不仅增强了他们的自信心，还对个人品牌的建设产生了深远的影响，进而影响到未来的职业发展。博客和社交媒体使学生能够将自己的思想和创造力以可视化的方式展现出来。通过撰写文章或发布动态，他们可以分享对某个话题的独特见解。对于许多学生来说，能够在公众面前表达自己是一种极大的成就感，这种自信心的提升无疑对他们的成长产生了积极影响。

新媒体的出现，模糊了时空的界限，每个人都能成为的，个人通过制作和分享视频内容，他们能够以更生动、有趣的形式传递信息和情感。"在这个具有隐匿的公共领域里，每个个体不再是'沉默者'，都通过各种渠道表达自的见解，无形中促进了公共交流，最终达成共识，并形成公共舆论"[①]。无论是教育类视频、生活记录还是个人才艺展示，这些内容都为他们吸引了大量观众，帮助他们建立了一个个性化的在线形象。这种多媒体表达不仅增强了他们的创造力，也为他们在日后职业生涯中树立了良好的品牌形象。此外，社交媒体的影响力使大学生能够建立个人品牌，进一步提升自己的市场竞争力。通过定期更新内容、参与热门话题讨论以及与其他用户互动，他们可以在特定领域内积累影响力。这种网络形象不仅展示了他们的专业知识和兴趣，还为未来求职提供了一个有力的支持。越来越多的雇主在招聘时会关注求职者的社交媒体表现，良好的个人品牌形象可以为他们打开更多机会。

在分享自己的兴趣和才能时，学生们得以更深入地认识自己，明确自己的职业方向和未来目标，"大学生通过网络可以在课下了解国内思想政治领域的前沿动态，对国家的各种方针政策进行及时的了解，通过在网络上寻找信息，并对这些信息进行消化理解"[②]，这种自我探索的过程有助于提升大学生的思想水平。个人品牌的建设不仅仅是为了职业发展，也能够带来更多的人际连接。通过积极参与线上社区和活动，学生们能够结识志同道合的人，拓宽社交圈。这种网络连接为他们的职业生涯提供了支持和机会，也在一定程度上提升了他们的社会资本。

（五）社会参与意见表达

大学生群体积极利用新媒体参与社会讨论和表达个人意见，尤其是在热点事

---

① 莫春菊. 新媒体环境下大学生思想政治教育公共性研究 [J]. 思想理论教育, 2014, (12): 77-81.

② 罗茵. 新媒体环境影响下的大学生思想政治教育 [J]. 新闻战线, 2015, (14): 127-128.

件和社会问题上。这种现象的出现，不仅反映了他们对社会事务的关注与责任感，也推动了公共舆论的发展，展现了新一代的社会参与意识。社交媒体平台为大学生提供了一个广泛的表达渠道，使他们能够迅速参与到各种社会讨论中。在面对突发事件时，学生们通过微博、微信和其他社交平台，实时分享自己的看法和情感。这种快速的信息传播使得更多的声音被听到，形成了一个多元化的舆论环境。在这样的环境中，学生们不仅是信息的接收者，也是信息的传播者，他们的声音在社会讨论中愈发重要。

大学生们在参与社会讨论的过程中，展现出强烈的责任感和社会意识。许多学生通过对社会问题的深入分析，表达了对公平、正义和人权的关注。例如，在涉及环境保护、性别平等和社会公平等议题时，大学生们纷纷发表观点，推动社会关注。这种参与意识不仅提升了他们对社会事务的敏感性，也促使他们积极思考自己的社会角色与责任。在一些社会运动中，学生们利用社交平台组织行动，呼吁社会关注特定问题。这种自发的组织能力不仅体现了他们的社会参与意识，也推动了社会运动的传播与发展。通过线上线下的结合，学生们能够更有效地传达信息，争取更多人的支持，推动社会变革。与此同时，参与社会讨论也为大学生提供了丰富的学习机会。在与他人交流和辩论中，他们能够拓宽视野、提升批判性思维能力。这种在实践中的学习，帮助他们更好地理解社会问题的复杂性，培养了综合分析问题的能力。这种能力不仅对他们的学术发展有利，也为未来的职业生涯奠定了基础。

第二节 新媒体时代高校价值观教育现状分析

新媒体时代高校价值观教育呈现出了新情况和新问题，一方面，新媒体对高校价值观在教育方式、内容及评估等方面的影响都更为复杂，同时，在新媒体时代下，高校价值观教育呈现出了新的特征。最后，新媒体时代下，高校价值观教育呈现出了新的机遇和挑战。因此，认真研究新媒体时代高校价值观教育的呈现新情况新问题，是高校做好价值观教育的重要环节。

一、 新媒体对高校价值观教育带来的深刻变革

新媒体与高校价值观教育的融合并非简单地把新媒体作为技术手段，新媒体对高校价值观教育带来了信息传播的便利性和互动性，对价值观教育的方式、内容等方面都产生了影响。根据 2023 年 2 月中国教育科学研究院发布的《中国智慧教育发展报告（2022）》调查数据显示，"中国高等教育领域智慧教育在基础设施方面建设成效良好。高校基础设施设备能满足智慧教育的基本需求，高校互联网接入率达100%，76.85%的高校实现了无线网络全覆盖，网络多媒体教室展教室综述的比例为 60.28%，智慧校园建设中新一代信息技术的应用率达89.22%"[①]。从这些数据看出，新媒体技术正在成为推动高校教育教学变革的重要力量，催生了高校价值观教育在教育模式、教学资源等方面产生的一些重大的变化。

（一） 从单向到多元：新媒体为高校价值观教育提供了多样化的手段

随着新媒体技术的迅猛发展，新媒体成为新型的信息传播手段，这一转变同时也促使了教育方式的重大变革。高校通过线上课程、社交媒体和学习应用等平台，能够更生动、直观地传递价值观念，从而提升学生的参与感和学习效果，从而提升教学质量。"新媒体的开放性拓展了思想政治教育相关内容的传播方式，也为师生互动提供了不限时空的便利途径"[②]。通过网络课程，教师可以将复杂的理论与现实案例结合，通过丰富的网络教学资源，帮助学生更深入地理解价值观的内涵。传统的价值观教育是通过思想政治理论课的系统课程来完成的，而新媒体由于其具有海量的信息数据，能够为教育者所利用，成为丰富的教学资源。同时，新媒体能够的教育手段，不仅使学生能够根据自身时间安排进行学习，还能通过在线讨论与其他同学进行交流，从而增强了学习的互动性和趣味性。

从学生的角度来看，由于新媒体的广泛运用，在教育的过程中学生可以通过各种新媒体分享观点、参与讨论，并及时获得反馈。与传统的课堂教育相比，新

---
① 中国教育科学研究院. 中国智慧教育发展报告 [M]. 北京：教育科学出版社，2023：108-109
② 刘振海，魏永军，祖强，等. 新媒体时代高校思政教育的高质量发展路径研究——基于社会认知理论的视角 [J]. 江苏高教，2023，（10）：104-108.

媒体的教育形式更适应于当代大学生的。传统的价值观教育只能用"传递"的教育方式，而新媒体时代的价值观教育打破了信息来源的"权威性"，能够为内化到学生的思想观念中创造了条件。新媒体对信息的传递的即时性和广泛性使得价值观教育不再局限于课堂内的单向传递，而是转变为双向互动的过程。学生们可以在不同的社交环境中，探讨与价值观相关的热点话题，从而深化对社会现象的理解与思考。

从学校的角度来看，新媒体能够创造出更丰富的"教学数据库存"。许多高校开发了专门的新媒体数据库以提供丰富的学习资源和案例分析，帮助学生在日常学习中潜移默化地接受价值观教育。这些应用通常结合游戏化元素，使得学习变得更加有趣和吸引人。通过这种方式，学生能够在轻松的环境中获取知识，增强对价值观的认同和理解。通过视频、图文和音频等多种形式，高校可以呈现更加丰富的教育内容，让学生在不同的感官体验中理解价值观，"帮助大学生完成从'认知'到'认同'的转化工作"[①]。例如，通过观看纪录片和专题片，学生不仅可以获取知识，还能够通过情感共鸣，加深对某些价值观的认同。这种多样化的内容形式，有助于学生更全面地理解和吸收价值观念。传统的价值观教育往往以教师讲授为主，学生被动接受知识，缺乏主动参与的机会。而新媒体的应用，使得学生能够在学习过程中积极参与到讨论、分享和反馈中，从而形成自主学习的氛围。这种主动参与的方式，不仅增强了学生的学习兴趣，也提升了他们对价值观的认同感和归属感。

从教育的角度来看，教师不再是单一的知识传授者，而是成为学生学习过程中的引导者和支持者。通过新媒体，教师可以更灵活地设计课程，结合时事热点与学生的实际需求，调整教学内容和方式。这种从灌输式到导向式的教育方式，不仅提升了教师的教学效果，也增强了学生与教师之间的互动，促进了更深层次的价值观教育。尽管新媒体在价值观教育中展现出诸多优势，仍然存在一些挑战。例如，信息的真实性和准确性问题可能影响学生对价值观的理解。因此，教

---

① 陈大勇，刘清才. 增强大学生社会主义核心价值观教育的实效性研究 [J]. 思想理论教育导刊，2014，(11)：114-117.

师在使用新媒体进行教育时,需要加强对信息的筛选和引导,帮助学生培养批判性思维,提高辨别信息真伪的能力。

(二) 从旁观到具身:从大学生的社会联动性加强

调查显示,大学生在新媒体平台上的价值观教育活动中的参与度显著提高,这一现象反映了新媒体技术对学生学习方式的积极影响。通过在线讨论、视频分享和社交互动,学生们能够更加主动地参与到价值观教育中,从而提升了学习效果和教育质量。"新媒体的出现,模糊了时空界限,扩大了人们的公共交往,网络成为人们公共生活的重要组成部分,公共性在新媒体场域中得以凸显。"[1] 新媒体的公共性为学生提供了一个开放的交流空间,使他们能够自由表达自己的观点和看法。在传统课堂上,学生可能由于时间限制或场合约束而无法充分发表意见。而在线讨论则打破了这些限制,让每位学生都能参与到对话中。学生们不仅能够听到不同的声音,还能通过讨论碰撞出新的思想火花,从而加深对价值观的理解和反思。

许多高校利用视频平台发布相关课程和讲座,学生可以在自己的时间安排内进行观看和学习。这种方式不仅提高了学习的灵活性,也增强了学习的趣味性。通过观看富有创意和感染力的视频内容,学生们能够更生动地理解抽象的价值观念,从而激发他们的学习兴趣和积极性。学生们通过社交媒体分享自己的学习经历、观点和见解,形成了一个学习共同体。在这个过程中,学生们能够互相学习、互相激励,营造出积极向上的学习氛围。通过点赞、评论和转发等互动行为,学生的声音被放大,他们的观点能够在更大范围内传播,从而推动更广泛的价值观讨论。

学生在参与价值观教育的过程中,也提升了自己的批判性思维和分析能力。面对不同的观点和信息,学生们被鼓励去思考其合理性和可信度。这种批判性思维的培养,不仅有助于他们形成独立的价值观,也为他们今后参与社会讨论和决策打下了基础。此外,许多高校还通过组织线上活动、挑战赛和主题讨论等方

---

[1] 莫春菊. 新媒体环境下大学生思想政治教育公共性研究 [J]. 思想理论教育, 2014, (12): 77-81.

式,进一步提高学生的参与度。这些活动不仅增加了学习的乐趣,还为学生提供了展示自我、交流思想的机会。参与这些活动的学生往往能更深刻地理解价值观教育的意义,进而将其内化为自己的信念和行为准则。

(三)从静态到动态:大学生学习内容数字化形态凸显

新媒体包括了丰富的文字、图片、声音和图像等多种多媒体信息资源,同时也拥有各种信息传播功能,新媒体涵盖了更为开放的内容。这种内容的丰富性不仅增强了学生的学习兴趣,还帮助他们在更广泛的社会和文化背景下理解价值观念,促进了更深层次的思考。许多高校通过新媒体平台,及时发布与时事相关的分析文章和视频,及时对党和国家的方针、政策和要求等信息进行即时性的传播,帮助学生关注社会热点和时事动态,关注国家和党的各种思想与政策,新媒体"传播形式的互动性使大学生由被动接受转变为主动参与,由信息消费者转变为集信息生产者和消费者于一身,使大学生主体性得到大大增强"①。这种方式让学生能够将理论与实践结合,深入理解当前社会中所面临的各种问题,例如环保、经济发展与社会公正等。通过对这些时事的讨论,学生们能够培养批判性思维,更加全面地看待社会现象,理解价值观在实际生活中的应用。

(四)从分层到全息:革新了教育效果评估方式

价值观教育评价是价值观教育的重要环节,是检验价值观教育成效的重要方式与手段。价值观教育要建立一个综合和完整的评价体系,从而能够对价值观教育的效果进行有效地评价。传统的价值观教育评价模式较单一、评价的过程较模糊,这种评价的方式与价值观教育的创新发展不协调,使得价值观教育的评价功能无法得以充分地发挥。随着新媒体技术的发展,依托新媒体技术,对学生的认知规律、接受特点以及吸收程度进行分析,帮助老师能够对学生最原始和系统的评价数据进行掌握,推动价值观教育科学化、全面化和动态化的发展。调查结果表明,教师和学生对新媒体时代的价值观教育效果普遍持积极态度,反映出这种教育形式在实践中的有效性。许多学生认为,通过新媒体进行的价值观教育不仅

---

① 刘奇. 新媒体环境对当代大学生价值观的影响及引导策略 [J]. 教育探索, 2013, (12): 136-137.

能增强他们的学习兴趣,还能有效促进个人价值观的形成与发展。教师的反馈显示,新媒体提供的多样化教学手段能够有效吸引学生的注意力,增强课堂参与感。教师们发现,使用视频、在线讨论和互动式内容后,学生的学习热情明显提高。这种新的教学方式使得教师能够更加灵活地调整教学策略,从而更好地满足学生的学习需求。通过新媒体平台,教师能够及时获得学生的反馈,优化教学内容与方式,使价值观教育更加贴近学生的实际情况。

在新媒体环境下,随着数学技术的引入,为价值观教育的评价体系带来了全新的理论和模式。学生的成长轨迹能够嵌入到数据化当中。在数字生存的背景下,价值观教育的内容、教育的过程以及学生的成长轨迹等发生变化通过数据进行收集与储存,能够完整地呈现价值观教育的过程以及学生价值观形成发展的过程。此外,学生通过新媒体的运用能够留下一定的痕迹,如通过评价、短视频发布等信息能够为教师开展个性化和精准化的价值观教育提供一定的依据。通过对教育过程及学生活动等信息进行记录,为顺利开展价值观教育奠定了基础,有利于对价值观教育展开客观和全面的评价。2020年10月12日,中共中央、国务院发布了《深化新时代教育评价改革总体方案》,指出要"坚持科学有效,改进结果评价,强化过程评价,探索增值评价,健全综合评价,充分利用信息技术,提高教育评价的科学性、专业性、客观性。"[1] 新媒体技术的应用能够更好地满足教育的多元评价。在传统的价值观教育活动中,往往是依靠提交相关的论文、完成课程考试、进行项目汇报等方式进行评价,通常会消耗更多的时间和精力来完成相关成绩的统计。而新媒体的应用能够提升教师在评价中的信息化和知识化,如在考试中,通过线上的方式,能够随机选择考试的试题,提升考核范围和题目分布的科学性,让学生感受到需要全面地掌握学习信息的学习信号。同时,新媒体能够高效地赋能评价的过程。价值观教育与一般的知识教育评价不同,其评价的过程往往侧重于学生的体验和学习的过程,由于评价的难度大,过程评价往往被忽视略,或者是以认知能力代替价值观形成。而新媒体的应用能够为教师提供

---

[1] 中共中央 国务院印发《深化新时代教育评价改革总体方案》[EB/OL]. (2023-07-19). https://www.gov.cn/gongbao/content/2020/content_5554488.htm.

更为准确和全面的数据分析,从而使评价的过程更具动态性、客观性和真实性。新媒体能够有效地解决价值观教育评价难以量化或量化工作大的难题,而通过新媒体技术中,能够对收集学生学习过程的信息,从而有效地进行分析,解决价值观教育评价中信息片面、不客观、结构失衡等问题。

二、新媒体时代高校价值观教育的特征分析

随着数字技术的不断发展,新媒体成为信息传播、互动交流的重要平台,潜移默化地影响着大学生价值观的形成。对此,要分析在新媒体时代下高校价值观教育的特征,使新媒体作为价值观教育有效性提升的"最大变量"变成"最大增量",奠定新媒体时代价值观教育实践的基础。

(一)信息传播更快捷

新媒体时代的到来带来了信息传播的即时性,与传统媒体相比,新媒体的即时传播速度快,交互式网络传播途径更便捷,这一特性对高校的价值观教育产生了深远的影响。"新媒体环境成就的互联网网络具有辐射性和交互性,通过手机、电脑等各种方式,能够使各种信息在最短时间里在最广泛的范围里传播;同时网络也是一个信息集散地,它善于捕捉和识别各种信息,并产生新的思想和观点,通过各种手段和工具向他人传播,突破时间和空间的限制。"[1] 学生能够搜索引擎、网络视频、论坛与社会平台获得新的信息,并对大量的信息做出反馈,及时回应社会热点问题,从而增强了教育的时效性和相关性。这种快速反应不仅使学生能够紧跟时代步伐,还促进了他们对社会现实的理解与思考,弱化了传统教育中以教师为主导的信息传播方式,对大学生价值观教育形成了极大的挑战。随着新媒体的开放性和交互性越来越强,高校能够快速调整课程内容,以应对社会变化和时事热点。例如,在发生重大社会事件时,高校教师可以立即通过网络平台发布相关分析和讨论,引导学生关注和思考这些事件的深层次影响。这种迅速的内容更新,不仅提高了教育的及时性,也确保了学生能够在学习过程中获得最新的信息,增强了他们对社会问题的敏感性。

---

[1] 张静,赵玲. 基于层次分析法的新媒体环境下大学生信息认知的影响因素分析 [J]. 现代情报,2013, 33 (01): 67-70+85.

信息的即时传播使得学生可以随时获取与价值观教育相关的多样化资源。无论是新闻报道、专家解读，还是社交媒体上的讨论，学生都可以通过手机或电脑迅速访问。这种便利性使得学生不再局限于传统课堂的学习，而是能够在各种场合主动获取和消化信息。这种自主学习的模式，帮助他们在更广阔的背景下理解价值观，培养了批判性思维和分析能力。同时，新媒体的即时性还促进了师生之间的互动与交流。教师可以通过社交媒体与学生保持联系，及时回答他们在学习过程中遇到的问题。在一些在线讨论平台上，学生们也可以针对时事热点进行实时讨论，这种互动形式增强了他们的参与感和归属感。在这样的学习环境中，学生不仅是信息的接收者，更是知识的创造者和传播者，他们的声音和意见能够在更大范围内被听到和重视。

新媒体的即时性对学生的社会责任感和参与意识有着积极的推动作用。当社会热点问题出现时，学生们能够迅速获取相关信息，并在社交媒体上表达自己的看法和态度。这种参与不仅让他们感受到自我价值的实现，也激励他们更加关注社会问题和公共事务。这种积极的社会参与意识，正是价值观教育所期望达到的效果。信息传播的即时性还促使高校不断探索创新的教学方式，以适应新媒体环境下的教育需求。高校通过利用直播讲座、在线互动课程等新形式，使得价值观教育变得更加生动和有趣。这些创新不仅吸引了学生的注意力，也激发了他们的学习兴趣，促进了价值观的内化与发展。价值观教育的目标不仅是传授知识，更是培养学生的社会责任感和批判性思维，使他们能够在复杂多变的社会中更好地立足和发展。

(二) 内容生产更丰富

新媒体平台的多样性为高校的价值观教育带来了丰富的教育方式，包括直播讲座、短视频和互动讨论等。这种多样化的形式具有庞大的信息流，依托数据支撑、算法推送、人机交互和深度学习等手段，不仅吸引了学生的注意力，还显著提升了他们的学习兴趣和参与度，针对不同层次学生的价值精准分发与投放提供了可能性。许多高校利用短视频平台制作与价值观相关的教育视频，这种"草根式"的内容生产方式丰富了视觉化的呈现方式，简洁而富有感染力的表达方式使得复杂的理论变得易于理解。学生们可以随时随地观看这些视频,通过生动的案例和故事这种互动式、隐喻式的叙事,加深对价值观念的理解。短视频还具备较强的分享性,大学生生产信息和传播信息的权利,不仅能将喜欢的内容分享给同学和朋友,同时能够在新媒体中记录新的生活和学习过程,这种传播效应进一步扩大了教育的影响力。学生能够通过讨论区或社交媒体平台参与到与价值观相关的议题中,这种内容生产打破了传统的"权威"限制,使教育内容生产更趋向于文化多元化和表达形象化。如在抖音平台上,学生能够通过制作短视频记录自己的生活,并参与相关事件的讨论,使讨论不仅局限于课堂,还延伸到课外的广泛交流。新媒体资源内容涵盖了方方面面,以学生乐于接受的形式呈现在他们面前,学生们在这些平台上可以自由表达观点,交换意见,从而拓宽思维和视野。通过这种形式,学生们能在不同的观点碰撞中提升自己的思维能力,形成更加成熟的价值观。这种多样化的教育方式有助于满足不同学生的学习需求与偏好。每个学生的学习风格和兴趣各异,传统的单一教学模式往往难以兼顾所有人的需求。而新媒体的多样化教育形式,使得学生可以根据自己的兴趣选择学习内容和方式,提升了自主学习的积极性。这种自由度不仅增强了学生的学习动力,也促进了他们在价值观教育中的主动参与。

(三) 社交互动更便捷

新媒体的普及极大增强了学生之间的交流与互动,这一变化对高校的价值观教育产生了积极的影响。通过社交平台和在线讨论工具,学生们能够更频繁地进行沟通与合作,这不仅加强了同学之间的联系,还促进了对价值观的共同探讨与理解,形成了良好的学习氛围。新媒体提供了一个便捷的平台,让学生可以随时随地进行交流。通过微信群、QQ群和社交媒体,学生们能够在课堂外继续讨论课堂内容或分享彼此的观点。这种即时沟通的方式,使得知识的传递不再局限于课堂教学,学生们可以在任何时间分享信息,探讨问题。这种高频率的互动有助于营造一种相互支持和激励的学习环境,使学生能够在思维碰撞中不断完善自己的价值观。

学生们能够接触到来自不同背景和专业的同学的观点和经历,这种多样性使得他们的思考更加全面。例如,在讨论社会热点问题时,不同的观点和经验分享能够让学生们更深刻地理解问题的复杂性,进而拓宽他们的视野。这种多元的互动,不仅促进了价值观的形成,还培养了学生的包容性和理解能力,使他们在面对不同意见时,能够更具批判性和建设性。通过社交媒体的讨论和分享,学生们能够参与到更广泛的价值观教育中。许多高校会在社交平台上发布与价值观相关的话题,鼓励学生们进行讨论和表达看法。这样的活动不仅让学生能够在校园内与同伴交流,还为他们提供了一个参与社会讨论的机会。学生不仅能够提升自己的表达能力,还能感受到自己在社会话语中的重要性,增强对社会事务的关注和责任感。学生们在交流中建立起了相互信任与合作的关系,使得学习不再是孤立的过程。通过共同参与学习活动,学生们能够分享资源、交换意见,形成一种积极的学习文化。他们在共同探讨价值观的过程中,形成了一种归属感和责任感,这对他们的成长与发展至关重要。

(四)教育环境更复杂

尽管新媒体为高校的价值观教育带来了许多机遇,但同样,新媒体也带来了一定的负面信息,这些信息可能会导致学生的价值观的偏差。利用新媒体进行价值观教育,要培养学生理解和分析不同信息背后的价值取向,引导学生批判性地接触和消化新媒体中的信息。这种情况下,一些不实或极端的观点可能会混淆学生的价值观念,使他们在面对复杂社会问题时感到迷茫。因此,高校需要在价值观教育中,强调信息素养的培养,教导学生如何选择和评估信息,增强他们的批判性思维能力。这不仅有助于学生在新媒体环境中导航,也为他们今后的学习和生活奠定了基础。

在新媒体开发之前,传统的高校价值观教育的环境相对来说较封闭,教育的内容较单一,学生的思想也较单纯。对于社会主流价值观很少受到质疑。在这样的环境下,学生所面对的教育环境相对来说较为单一,只能从教育那里得到有限的信息,而无法对更多的价值取向进行选择与吸收。随着信息的全球化和新媒体技术的发展,教育环境比传统的教育环境更为开放和多元。在新媒体技术之下,各种平台蜂拥而至,各个群体不再像过去一样要基于自己的身份、地域和阶层获取各种信息，新媒体打破了信息的时空限制，能够随时地发布信息，同时也能随时地掌握信息，这种信息的开放性加之低成本成为新媒体时代典型的教育环境。打破了对教育信息渠道的约束，同时也打破了教师在传统教育中的地位。而在新媒体平台中隐匿着许多与主流价值观不相符的价值观，学生容易将网络空间与现实空间相混淆，甚至有一些错误的价值观在新媒体平台中大行其道，使学生在面对价值选择和价值判断时不知所措，无法形成自己成熟的价值体系。"新媒体是一把双刃剑，在拓宽高校思想政治教育工作空间的同时，也带来了思想政治教育工作内容数字化、现实世界虚拟化、舆论环境混乱化，传播方式管理难等新挑战"[①]，因此，多媒体时代增加了教育环境的复杂性。

（五）教师角色更多元

在传统的价值观教育中，教育的角色更为固化，他们既是教育过程的设计者、教学活动的传授者、学习方法的指导者。新媒体时代下，教师的角色正在经历显著的转变，从传统的知识传授者演变为信息的引导者，"在新媒体时代，知识和信息的提供已打破传统教材、书本的局限。继慕课等较为正式的网上在线教学形式之后，微信、微博、QQ、抖音等新媒体以其短小精悍的特点成为传播思政教育资源的载体。尤其值得注意的是，学生通过新媒体可以轻松获得海量的信息内容，思政课教师的权威地位和角色职能受到冲击。"[②] 这一变化不仅反映了教育理念的更新，也适应了学生在信息获取和价值观形成过程中面临的新挑战。知识和信息的提供已打破了传统教材和书本，教师不再仅仅是课堂上单向传递知识的角色，而是积极参与学生的学习过程，成为他们的引导者。在信息爆炸的时代，学生接触到的知识和观点极为丰富，教师的任务是帮助他们在众多信息中进行筛选和判断。这意味着教师需要具备较强的信息素养，能够引导学生识别和分析信息的可信度与相关性，帮助他们形成理性、批判的思维方式。例如，教师可以通过案例分析和讨论，引导学生思考不同观点的合理性，培养他们的独立思考

---

① 严洁，姜羡萍. 新媒体视域下创新高校思想政治教育探析 [J]. 学校党建与思想教育, 2021, (20): 72-74.

② 竺照轩. 试析新媒体与高校思想政治教育的深度融合 [J]. 学校党建与思想教育, 2022, (06): 64-66.

能力。

同时，新媒体在师生关系上形成了主客体双向化、去中心化。新媒体以更加主动的态度渗透到学生价值观形成的过程中。随着互联网技术的不断发展，新媒体的形式、功能不断发展，大大地拓宽了信息传播的广度与深度。大学生在使用新媒体不再是单纯的搜索信息或浏览信息，而是利用各种新媒体软件进行信息的制作与传播，大学生成为信息制作与传播的主体，这样的转变使得传统的刺激——反应之间的学习模式变成了自主学习的主动建构工。在新媒体平台下，师生之间的关系是平等身份，教育氛围更为民主化，作为信息传播主客体双向发展的大学生有了新的选择权和创造权，弱化了教师的中心地位。在新媒体平台中，大学生有了更多的选择权和创造权，传统的教育权威受到了挑战，教育的话语权威同样也受到了挑战。学生通过新媒体能够获得海量的信息，教师的权威地位与角色受到了冲击，而新媒体的圈层化形式了新的"价值中心"，一定程度上影响着网络舆论导向和大学生的价值认知及价值判断。

第三节 新媒体时代高校价值观教育面临的新机遇

新媒体时代为高校价值观教育提供了广阔的空间和新的途径，为新时代高校价值观教育的创新发展来了良好的机遇。和传统的媒体相比，新媒体在价值观教育中具有明显的优势，要把握新媒体时代中高校价值观教育的新机遇，才能充分发挥新媒体的优势，提升高校价值观教育的有效性。

一、丰富高校价值观教育的资源

新媒体的迅猛发展极大地改变了教育资源的获取方式，为高校的价值观教育提供了前所未有的便利，这种便利性体现在多个方面。第一，新媒体能够具有海量的教育内容，学生能够随时地在新媒体中进行相应内容的寻找和搜索，使价值观教育的内容能够在新媒体平台中得以有效地流通，能够有效促进学生的自我学习。许多高校和教育机构提供了大量免费的在线课程，涵盖各个学科和主题，包括价值观教育相关的内容。这些课程不仅提供了理论知识，还结合了实际案例和讨论，帮助学生深入理解不同的价值观念。例如，MOOC（大规模开放在线课程）平台上，学生可以找到关于伦理学、社会责任和文化多样性的课程，除了传统的教材，学生还可以访问各种开放的学术论文、研究报告、视频讲座和在线研讨会等。第二，新媒体能够对价值观教育的内容进行及时地更新。与传统的媒体相比较，学生能够在新媒体中及时地获得相应的信息内容。这种多元的资源获取方式，使得学生在学习过程中不再局限于单一的理论框架，而是能够进行广泛探索和比较。第三，新媒体平台的社交功能也为学生提供了更多的学习互动机会，在互动学习中生成教育资源。学生可以通过论坛、微信群或社交媒体，与同学和教师进行讨论，分享各自的学习材料和经验。这种互动不仅促进了知识的分享与传播，也让学生在讨论中不断丰富自己的观点。学生能够接触到不同的价值观和思想，激发思维的碰撞，从而深化对价值观的理解。此外，借助新媒体，学生还可以参与到各种在线讲座和研讨会中。这些活动通常会邀请专家和学者进行分享，学生可以通过直播或录播的形式参与其中。在这些活动中，学生不仅能够获得专业的见解，还可以与其他参与者进行交流。这种多样的学习形式，不仅拓宽了学生的视野，也帮助他们在面对复杂的社会问题时，形成更加全面和理性的价值观。新媒体提供的便利资源获取方式，促进了学生的自主学习和主动探索。现代学生越来越重视自我管理与自主学习的能力，他们希望能够在学习中有更多的选择权和主动权。新媒体的多样性正好满足了这一需求，使得学生能够在自我学习的过程中，更加主动地探索和理解不同的价值观念。通过自主选择学习内容，学生不仅能提高学习兴趣，还能够在实践中不断调整自己的价值观，培养独立思考的能力。

二、 拓宽了高校价值观教育的载体

"载体"是指某些能传递或运载其他物质的物质①。在社会科学领域，载体是为承载知识和信息的物质形成。教育载体是能够承载教育内容和信息、联结主客体、促进主客体互动、使教育的信息能够有效地传递给受教充盈 的各种实体物质和活动形式。高校价值观教育的载体是指能够承载、传导高校价值观教育内

---

① 南京师范大学教育系编.《教育学》，人民教育出版社，1984年版，第376页

容和信息，并能为教师和学生所运用，且主客体能够相互作用的一种实体物。传统的价值观教育载体包括教室、教学设备、教材和方案等等，还包括一些实践场所和活动新媒体平台的崛起为教育领域带来了灵活多样的互动学习载体。新媒体技术的发展，在高校价值观教育载体中发挥着越来越重要的作用，"新兴的网络载体层出不穷，它们不仅'可以作为信息的承载体'用于思想政治教育信息的传播，还因其技术性载体的特点而使思想政治教育者能够更好地发挥自主性"[1]，尤其是在以数字技术、网络技术和现代通信技术为依托，将文字、图片、音频和视频相融合，多媒体课件、新媒体通讯工具等，与传统的教育载体相比，新媒体作为高校价值观教育具有形式多样生动、更新速度快、交互性更强的特点。传统的教育载体单一刻板，而新媒体的形式多效生动。当然，教材永远是高校价值观教育的重要载体，是开展高校价值观教育的重要工具和媒介，对于保障价值观教育的质量重要作用。而新媒体载体形式多样、生动活泼，集图片、文字、视频等于一身，能够充分地调动人的感官。学生通过论坛、社交媒体和直播课堂等形式，不仅能够与教师进行深入交流，还能够和同学们展开广泛的讨论，大大地增强了学生对教育内容的识记和理解能力，增强了教育的吸引力和感染力。

同时，与传统的媒体相比，新媒体的更新速度更快。新媒体平台如微博、微信和Facebook等，成为学生们分享信息、观点和经验的重要场所，通过这些社交媒体，学生能够迅速获取关于价值观教育的最新动态，并参与相关的讨论。这种快速的信息流动和广泛的讨论使得学生能够及时了解社会热点问题，并与同学进行即时交流。新媒体承载的内容浩瀚博大，学生能够更便捷地获取相关的大量信息，其呈现出知识流动和价值流动特点更为鲜明，学生们能够在讨论中互相启发，扩展自己的思维边界，增强对价值观的理解。同时，教师通过直播与学生进行面对面的互动，让学生迅速知晓新近发生的时政事件以及对该事件的各种评论，及时追踪相关的理论前沿。新媒体能够便捷地得到与课程相关的精品资源，

---

[1] 陈宗章.网络思想政治教育载体的创新发展[J].重庆邮电大学学报（社会科学版）.2023(3)：65-72.

各类资源能够通过新媒体得到快速地流动，这样的学习形式打破了传统课堂的单向教学，增强了学生的参与感和归属感。新媒体的知识流动性决定了其更易于传播、搜寻和转化，更具有感染性和熏陶性。最后，新媒体具有更强交互性。新媒体的去中心化特征，每个人都能够根据自己获得信息的渠道捕捉不同的观点和信息，对相关能够更容易地形成自己的理解和是非判断，而教育能够根据新媒体的特征，建立与学生双向的沟通交往。新媒体师生一个在接收信息方面是平等的，作为开放式平台，扩大了师生间共通的意义空间，能够建立起一种特殊的社会网络关系。每个学生在新媒体中都能够成为主体，能够成为信息的发布者、传播者和接收者。新媒体的即时性和信息父老乡亲的强大影响力，能够突破时空限制，每个人都能实现"在场"，共同经历与价值观相关的各类事件。学生在新媒体平台中能够展开各种讨论，在互动学习中，能够辨别真理，激发学习热情，使学生的认知得以提升。因此，这种互动学习的形式，使价值观学习不再是价值知识的记忆，而是体悟和理解的过程，在互动学习的过程中实现价值观的内化与外化。

三、丰富了学生价值观学习体验

新媒体技术的应用为教育内容的个性化定制提供了无限可能，特别是在高校的价值观教育中，这种个性化体验学习方式显得尤为重要。将新媒体与相关的游戏软件结合起来，给学生带来虚假的体验，学生通过各种模拟的场景中实现自我沉浸式的价值观学习。通过对学生兴趣与需求的精准把握，高校可以设计出更符合个体差异的教育内容，这不仅提升了学生的参与感，还激发了他们的主动学习意识，促进了个人价值观的深入发展。新媒体支持下的虚拟体验实现了价值观教育回归生活世界的一种教育理念。"生活世界"是胡塞尔提出的，其基本含义是指社会成员个体或各个社会团体生活于其中的现实而又具体的环境，它所表达的是与我们直观视频有关的东西。新媒体支持下的社会仿真实验，教师可以通过引入或模拟再现社会中鲜活的真实案例，使学生更能够贴近现实，使学生在体验过程中有身临其境的感觉，犹如置身于真实的价值情境之中。可见，新媒体带来的现实体验感，既不是从理论到理论的推延，也不是教育用语言描绘的场景，而是通过视频或仿真实验室的试，给学生呈现一个真实的世界。学生通过对日常生活世界的呈现，使学生有机会对真实的生活事件进行感受、评价、反馈，教师可以根据测评结果，掌握学生所达到的对知识的掌握所达到道德水准。与传统的"一刀切"式教学不同，回归生活世界的教育能够让学生在学习过程中发挥主动性。当学生能够亲身经历一些社会事件，他们的学习动机会显著提高。例如，在进行价值观教育时，学生可以根据自己的职业目标或生活经历选择相关的课程和讨论议题。这种自主选择的权利，使学生更加投入，愿意深入探讨与自己生活息息相关的价值观问题，形成更强烈的认同感。通过选择与自己兴趣相符的学习内容，学生不仅在知识层面得到了提升，更在价值观层面进行深度思考。例如，在价值观教育中，学生可以选择讨论社会责任、环保意识或个人发展等话题，这些内容的选择能够引导他们反思自己的生活态度和价值取向。这种自我反思的过程，有助于学生在动态学习中不断修正和深化自己的价值观念，使其更具个性和独立性。

新媒体技术还允许学生以多样化的方式展示他们的学习成果。在个性化学习过程中，学生可以通过视频、博客、在线作品集等多种形式表达自己的观点和理解。这种展示不仅增强了学生的表达能力，也使他们能够从同伴的反馈中获得新的视角与启发。例如，学生在社交媒体上分享自己的学习心得或参加在线讨论，能够激发其他同学的思考，形成一个积极的互动学习环境。

四、提升了价值观教育评估的效率

新媒体技术的迅猛发展为教育评价带来了创新的可能，尤其是在高校的价值观教育中，这种新兴的评价方式显得尤为重要。通过在线测评、互动反馈和数据分析，教师能够实时了解学生的学习进展与价值观变化，这一动态评价机制使得教育过程更加灵活，也为教师调整教学策略提供了有力的数据支持，从而更有效地推动学生的价值观形成与发展。"通过收集学生的学习数据，如在线测验成绩、观看视频次数等，教师可以更加全面地了解学生的学习情况和状态"，①，通过各

---

① 张淼，张志刚. 新媒体时代高校思政教育改革策略研究：评《全媒体环境下高校思政教育改革创新研究》[J]. 科技管理研究，2023，43（5）：256.

种在线测评工具，教师可以随时对学生的学习情况进行评估。这种形式不仅节省了时间和人力成本，还能够提高评估的准确性。例如，教师可以设计针对特定价值观主题的在线测验，及时获取学生在相关知识点上的掌握情况。这种快速反馈机制，使得教师能够及时调整教学内容和方式，以更好地满足学生的需求。在传统的教育模式中，教师往往只能通过期末考试或作业来评估学生的学习效果，而这种方式难以反映学生在学习过程中的动态变化。新媒体提供的互动反馈功能，允许学生在学习过程中随时提出问题和建议，使教师能够实时了解学生的困惑与需求。这种双向互动不仅提升了学生的参与感，也为教师的教学提供了更为具体的指导。新媒体平台能够收集学生的学习数据，包括在线学习时长、参与讨论的频率以及测评成绩等，通过数据分析，教师可以全面评估学生的学习状态与价值观发展。这种数据驱动的评价方式，使教师能够从整体上把握班级的学习情况，识别出需要特殊关注的学生，并为他们提供个性化的支持。

  由于新媒体允许教师随时收集和分析数据，他们可以根据学生的表现和反馈，灵活地调整教学计划。例如，如果发现某个主题的学习进展缓慢，教师可以适时增加相关讨论或补充资料，确保学生能够在价值观教育中得到全面理解。这种灵活性和及时性，有助于提升教育质量，确保学生在价值观形成与发展上的持续进步。在传统评价模式下，学生往往关注分数，而忽视了对自身学习过程的思考。而通过新媒体的动态评价，学生可以随时查看自己的学习进度与反馈，促使他们对自己的学习状态进行反思。这种反思不仅有助于学生认识自身的优缺点，还能够引导他们在价值观教育中进行更深入的自我探索与认知，最终形成更加成熟和全面的个人价值观。

第四节　新媒体时代高校价值观教育面临的新挑战

  随着新媒体平台成为高校学生获取交流情感和社交互动的主要途径，在新媒体环境中正确引导大学生价值观是高校思想政治教育的重要目标。导致新起的新媒体技术给高校价值观教育创造了条件，改变了传统的教学模式，然而，在发展的过程中也出现了一些新问题。

一、信息过载及虚假泛滥

新媒体的迅速发展使得信息呈爆炸式增长,学生在日常学习和生活中接触到的信息量远超以往。这种信息的过载使得学生在选择和判断时面临巨大压力,难以辨别哪些信息是真实可信的。信息的泛滥不仅让学生在获取知识时耗费更多时间和精力,还可能导致他们在价值观念上出现混淆,影响其对社会现象和道德问题的理解。同时,社交媒体和网络平台上,虚假信息的传播极为迅速。由于网络的虚假性和匿名性,散布错误信息的"成本"低,网络上传递着一些虚假而有害的信息,一些未经验证的消息、谣言和偏见在短时间内迅速扩散,导致学生接收到错误的信息。,这些虚假信息不仅会误导学生的判断,还可能导致他们对某些事件或现象产生错误的价值观念,极大地妨碍了受教育者正确价值观的形成。例如,关于社会热点事件的错误报道可能让学生对社会公正和正义的理解产生偏差,进一步影响他们的价值观形成。面对信息的泛滥,许多学生缺乏必要的批判性思维能力,难以有效评估和分析所接收到的信息。这种能力的不足使他们在面对真假信息时,无法做出合理的判断。缺乏批判性思维的学生,往往容易接受和传播错误的信息,导致他们的价值观受到误导。新媒体时代的到来,大学不再是封闭式的象牙塔,大学生面临着各种泛滥和未经筛选的信息,当网络上的信息与价值观教育传导的信息出现了偏差或冲突,若学生缺乏了坚定的政治立场,就会对教育所倡导的价值观权威产生了质疑。

二、价值观的多元碰撞与冲突

新媒体使学生能够接触到来自不同文化背景的观点与价值观,这种多元文化的接触虽然丰富了他们的视野,但也可能导致认同上的困惑。学生在尝试理解和吸纳新观点时,常常面临传统价值观与新兴观念的冲突。这种内心的挣扎使得他们在自我认同上感到迷茫,难以清晰地定义自己的价值观,从而影响其心理健康和社会适应能力。学生既受到传统文化的影响,又被现代价值观所吸引。这种传统与现代观念的冲突可能导致他们在生活选择和价值判断上感到矛盾。例如,面对婚姻、职业和生活方式的选择时,学生可能希望追求个人自由与自我实现,但又受到家庭和社会期望的束缚。这种矛盾感不仅影响他们的决策过程,也可能导致对价值观的怀疑和不安。

新媒体的多元性、隐匿性和开放性冲突了主流价值观的主导权，学生在不断接触新信息和新观点的过程中增强了对主流价值观认同的难度。虽然这种变化有助于他们更好地适应多元社会，但频繁的价值观转变也可能带来不稳定感。新媒体强大的信息传播能力加之缺乏监管的网络责任，扰乱了学生对社会主流价值观的辨别力。同时，价值观的多元与碰撞造成了学生的理想信念教育受到挑战。学生在不同阶段可能会对某些价值观产生短暂的认同，但缺乏深度理解和反思的基础，最终导致对价值观的表面接受而非内心认同。这种浅尝辄止的认同可能使他们在关键时刻缺乏坚定的价值判断，从而影响其人生选择与方向。

三、信息接收的零散与片面

新媒体平台提供了大量丰富多彩的内容，从社交媒体到视频平台，全域式开放式的信息传播，学生的注意力容易被各类娱乐和信息所吸引。"师生在新媒体上可以接触到不同领域、不同观点的信息，有些年轻教师和学生缺乏学习和研究定力，认为所从事的学习和研究没有前途，那么往往容易产生'跟风'"①，面对无处不在的娱乐选择，学生在学习时往往难以集中精力于价值观教育的核心内容。新媒体凸显了信息传播零散化和碎片化的特征，在大学生在获得信息的过程中摆脱了时间与空间的限制，遮蔽在学生的整体性。这种分心现象不仅减少了他们对学习材料的投入，还可能导致对重要知识的理解与消化不够，从而影响学习效果，造成了泛学习模式。虽然新媒体提供了即时反馈的优势，但这种反馈机制也可能造成注意力的不断中断。在新媒体平台上，学生随时通过各种终端设备实现碎片化的阅读，在学习的过程中常常被社交媒体上的通知和评论所打扰，每一次打断都会消耗他们的认知资源，难以维持深度思考和专注，导致注意力无法集中在价值观的深入学习上，进而影响其整体学习效率和理解深度。随着新媒体内容的丰富，学生对价值观教育的重视程度可能下降。他们可能认为与其专注于价值观的学习。这种心态的转变使得学生在价值观教育中表现出缺乏积极性和参与感，进而可能导致他们对价值观的理解肤浅、反思不够，最终影响其价值观的内

---

① 杨丽丽. 新媒体视阈下高校师生共同体建设研究 [J]. 广西社会科学, 2018, (03): 207-211.

化与发展。同时，这种信息接受的零散与片面，导致了网络信息内容的鱼龙混杂、良莠不齐，对大学生价值观教育带来了严峻挑战，容易引发大学生对主流价值观产生认同危机。

四、教师权威角色的弱化与消解

价值观教育是指在教育活动中，教师遵循一定的社会要求，按照受教育者实际的特点、制定教育计划、明确教育内容、选择教育载体、运用教育方法、引导、激励受教育者参加教育的过程。在这个过程中，教师不仅需要教授知识，还需要疏导并转变受教育者某些消极的价值观，引导学生理解社会主流价值观，对多元的价值观进行辨别与分析。目前对于师生之间主体与主体角色，存在着两种观点，一是主体——客体论。二是主体——主体论。无论是哪一种观点，教师都处于主体地位。新媒体的出现使教师的主导角色面临着前所未有的挑战，"新媒体对大学生思想政治教育的最大改变就是多主体的出现消解了教育者的单主体地位和话语权威"①，一方面面对大量相互矛盾的信息，教师需帮助学生在不同观点之间进行选择和判断。这个过程中，教师的责任在于激励学生思考，鼓励他们在接受新观点时保持批判性思维，并进行深入反思，以形成独立且全面的价值观念。另一方面，教师在新媒体时代面临的信息复杂性要求其具备出色的信息筛选和评估能力。教师需能够迅速识别和判断信息的来源和可信度，以帮助学生过滤不准确或误导性的信息。这不仅要求教师对各类信息有较强的敏感度，还需具备引导学生掌握信息鉴别技能的能力，从而培养学生的批判性思维与判断能力，确保他们在学习中接触到真正有价值的知识。而在新媒体中，各种有害的信息扰乱了受教育者的价值判断和价值选择，对教师的角色、身份与话语权产生了怀疑，"新媒体消解着师生间的权威关系，使师生间的交往关系趋向依存化"②，师生同时兼具着信息发送者和信息接收者的身份，打破了师生间信息交往的障碍。

---

① 莫春菊. 新媒体环境下大学生思想政治教育公共性研究 [J]. 思想理论教育, 2014, (12): 77-81.

② 杨丽丽. 新媒体视阈下高校师生共同体建设研究 [J]. 广西社会科学, 2018, (03): 207-211.

同时，新媒体冲击了教师教学主阵地，信息多样性和互动性要求教师不断调整和适应教学方式。传统的教学方法可能不再适用于新媒体环境，教师需要利用技术手段，如在线课程、社交媒体互动等，来提升教学效果。教师不仅要设计有趣且富有吸引力的课程内容，还需利用新媒体平台的特性，激发学生的参与感与兴趣，从而在引导学生价值观教育的同时，提高整体的学习效果。而新媒体的出现弱化了教师的"在场性"，使教育成为以新媒体为中介的"离场"教育，教师难以洞察受教育者发生的变化，为价值观教育带来了困难与挑战。

第二章 新媒体时代高校价值观教育创新的理论基础

新媒体时代高校价值观教育创新是马克思主义关于人与环境辩证统一思想、思想政治教育学基本原则、媒介环境学相关理论的指导下开展的实践活动。

第一节 马克思经典作家关于人与环境的辩证关系

"马克思主义是不断发展的开放理论,始终站在时代前沿。马克思一再告诫人们,马克思主义理论不是教条,而是行动指导,必须随着实践的变化而发展。"[①] 马克思、恩格斯关于人与环境辩证统一的关系,为新媒体时代高校价值观教育提供了根本的指导和方法指导。

一、马克思关于环境创造人的思想

马克思格指出,人不是孤立的抽象的存在物,人是自然界的一部分。人不能脱离环境而生存,人的生存受环境的影响。马克思指出:"我们首先应当确定一切人类生存的第一个前提也就是一切历史的第一个前提,这个前提就是:人们为了能够'创造历史',必须能够生活。但是为了生活,首先需要衣、食、住以及其他东西。因此第一个历史活动就是生产满足这些需要的资料,即生产物质生活本身。"[②] 马克思指出,环境创造了人的历史,人物质生产生活是人类历史的生成条件之一,人类生产生活的历史就是环境创造了人的历史。同时,马克思指

---

① 《在马克思主义诞辰200周年大会上的讲话》,《人民日报》2018年5月4日,第2版。
② 《马克思恩格斯选集》(第1卷),北京:人民出版社,2012年,第158页。

出,环境创造了人的属性。环境即包括了"自然"的环境,同时也包括"社会"的环境。人生活在一定的环境之中,从人出生之日起就受到了来自自然环境和社会环境的影响和制约。人在物质生活中形成的人与人之间的关系决定着人的社会属性,受到人与人之间的社会关系制约。环境创造了人的属性。最后,环境影响人的心理意识。人的意识产生是与人类社会发展的过程是相一致的。伴随着社会生产水平的提高,人的意识也不断地发展与提高。马克思指出:"思想、观念、意识的生产最初是直接与人的物质活动,与人的物质交往,与现实生活的语言交织在一起的。"① 在生产力水平较低的社会,由于人物质生活条件贫乏,人的精神生活也较为简单,个体更多地考虑如何生存的问题。随着社会物质生活条件的发展,人的需要层次不断提高,人的意识也获得了更为自由和全面的发展。环境不仅促进人的意识层面的发展,同时也制约和限制了人的意识的发展。马克思指出:"人们用以生产自己的生活资料的方式,首先取决于他们已有的和需要再生产的生活资料本身的特性…更确定地说,它是这些个人的一定的活动方式,是他们表现自己生命的一定方式、他们一定的生活方式。个人怎样表现自己的生活,他们自己就是怎样。因此,他们是什么样的,这同他们的生产一致的——即和他们生产什么一致,又和他们怎样生产一致。因此,个人是什么样的,这取决于他们进行生产的物质条件。"② 当人不再受到外在的物质生产条件的束缚,人才能得到全面自由地发展。环境创造了人指出了人的受动性,体现了环境对人的价值,人的思想、观念、行为的产生并不是凭空而来的,也并不是头脑本身固有的,而是受所处的自然环境和社会环境的影响。恩格斯在《反杜林论》中指出:"人们自觉或不自觉地,归根到底总是从他们阶级地位所依据的实际关系中……获得自己的伦理观念。"马克思认为,人的思想观念、意识一定程度是受环境的影响,但环境对人的影响是长期的、潜移默化的,人在一定的环境熏陶下,才能培养出某些思想观念和价值品质。

二、马克思关于人创造环境的思想

马克思指出,人与环境的关系不仅仅是单向的环境创造了人,同时,人类可

---

① 《马克思恩格斯文集》(第1卷)[M]. 北京:人民出版社,2009年,第519-520页.
② 《马克思恩格斯文集》(第1卷)[M]. 北京:人民出版社,2009年,第519-520页

以通过发挥自身主观能动性作用于环境，对自身所处的环境进行改造。因此，环境也会受到人的制约。马克思在《关于费尔巴哈的提纲》中指出："人是环境和教育的产物，因而认为改变了的人是另一种环境和改变了的教育的产物。"① 第一，人既是自身行为的主体，同时也是历史的创造者。历史的发展是基于人对社会关系和生产行为的改造。从人类历史发展的进程来看，人类历史发展的进程是人类不断地改变环境、改变社会的历程。马克思指出："每一代一方面在完全改变了的条件下继续从事先辈的活动，另一方面又通过完全改变了的活动来改变旧的条件。"② 环境不会改变自身，历史也不会主动创造事物，环境的改变、事物创造是由于人根据自身的需要而进行创造活动。同时，马克思指出，社会关系作为社会环境的一个重要因素，是人在生产的过程中形成的，社会关系通过一定的交换和消费形式影响着社会环境。马克思指出："在人们的生产力发展的一定状况下，就会有一定的交换和消费形式。在生产、交换和消费发展的一定阶段上，就会有相应的社会制度形式、相应的家庭等级或阶级组织，一句话，就会有相应市民社会。在一定的社会，就会有不过是市民社会的正式表现的相应的政治国家"③。可见，社会关系是人基一定的实践活动中产生的。人会根据自身需要在社会中创造相应的关系，而在这个基础上，就会衍生出不同的思想观念和意志。最后，马克思指出，人不仅创造了环境，同时人还创造了自身。无产阶级"不消灭本身生活条件，它就不能解放自己。如果它不消灭集中表现在它本身处境中的现代社会的一切违反人性的生活条件，它就不能消灭它本身的生活条件。它不是白白经受了劳动那种严酷的但是能把人锻炼成钢的教育的。"④ 环境影响着人自身，影响着人的个性特征和思想意识，人在改变环境的过程中同时也改变了自己。马克思还指出，人对于环境的影响不是被动接受的，而是根据自身的需要与情感意志等心理的作用下，对环境做出的主动反应与适应。

---

① 《马克思恩格斯选集》（第1卷）[M]. 北京：人民出版社，2012年，第138页.
② 《马克思恩格斯选集》（第1卷）. 北京：人民出版社，2012年，第51页
③ 《马克思恩格斯文集》（第10卷）. 北京：人民出版社，2009年，第42-43页
④ 《马克思恩格斯全集》（第2卷）. 北京：人民出版社，1972年，第45页

三、人与环境的关系统一与社会实践中

马克思指出，人创造了环境，环境也创造了人，而人与环境的在实践中实现了统一。"人们的观念、观点和概念，一句话，人们的意识，随着人们的生活条件、人们的社会关系、人们的社会存在的改变而改变。"① "人们自觉地或不自觉地，归根到底总是从他们阶级地位所依据的实际关系中——从他们进行生产和交换的经济关系中，获得自己的伦理理念。"② "环境的改变和人的活动或自我改变的一致，只能被看作是并合理地理解为革命的实践。"③ 人在对环境进行改变的过程中，同时还会对社会关系、生产力、思想观念以及活动范围产生影响，对人自身也产生了一定的影响。因此，人类通过各种实践活动对人的思想观念产生影响。马克思以实践观为基础，根本上揭示了人与环境的关系，指出人与环境是在社会实践的基础上得以统一的。人作为社会环境的存在物，是在一定的环境下接受某些特定群体的思想观念和价值观念。

从马克思关系环境与人的辩证统一关系的论述中，新媒体时代价值观教育有着重要的指导意义。新媒体作为一种环境，可以从新媒体的功能特征方面进行理解，把握其内在运行的规律及结构，不断地发挥人的主观能动力，把"新媒体"作为价值观教育的"最大变量"变成"最大增量"，塑造能够提升价值观教育的新媒体环境。同时，实践是人与环境统一的基础，对于新媒体时代高校价值观教育，需要在使用新媒体技术和环境的过程中，创新价值观教育的内容和实践，使新媒体价值观教育能够真正地契合人的精神需要，提升价值观教育有效性。

第二节 思想政治教育学原理

坚持马克思主义的基本立场、观点和方法，是新媒体环境下高校价值观教育的基本原则。思想政治教育作为价值观教育的基本途径和方式，在教育的过程

---

① 《马克思恩格斯全集》（第2卷）．北京：人民出版社，1972年，第50页
② 《马克思恩格斯选集》（第3卷），北京：人民出版社，2012年，第470页
③ 《马克思恩格斯文集》（第1卷），北京：人民出版社，2009年，第545页

中，思想政治教育学的原理，是研究价值观教育的主要依据

一、思想政治教育环境论

人的思想观念形成与发展的过程中，总受一定外在因素的影响。思想政治教育环境，是指这些外部因素的总和。[①] 思马克思认为，存在决定意识，客观制约主观，外在的物质层面与内在的精神气质总是相互融合的。人的心理、情绪经常受到环境的影响。因此，思想政治教育环境对人的思想与行为产生潜移默化地影响，环境的各种因素，都在直接或间接地影响着人们，总是向人们发出各种各样的信息并熏陶。这些影响随着量的积累，使原来的思想观念会发生质的变化。新媒体的广泛应对，改变了思想政治教育的环境，成为思想政治教育环境最大的变量。一方面，与传统的媒体相比，新媒体有着不同的特征，影响着大学生思想观念的形塑。同时，新媒体作为新的环境空间同时也形塑着思想政治教育环境。新媒体是当下网络媒体的主要形式，运用新媒体环境，应充分发挥新媒体在信息传播的时效性，分析并掌握新媒体对大学生价值观形成与发的影响，对于大学生价值观教育创新有着重要的实践价值。同时，新媒体的多元互动性使其人与人之间的交往交流变得更为便利，人与人的交往交流的过程中形成了不同的关系，新媒体环境下，要积极地组织和应对这些关系，优化价值观教育的环境，提升价值观教育的实效性。

二、思想政治教育载体论

思想政治教育载体是指连接教育主体与教育对象的特定途径[②]。思想政治教育载体承载着思想政治教育的内容与信息，具有具体性和指向性的特点。思想政治教育载体承载教育内容与教育信息，能够作为传递教育内容和信息的重要中介，载体以物质实体或活动的形式，将教育内容通过教育活动在教育主客体传递[③]。新媒体既作为教育环境，同时也作为教育的载体。从载体出发，新媒体具

[①] 陈万柏，张耀灿.思想政治教育学原理 [M].北京：高等教育出版社，2007：96.
[②] 陈义平.思想政治教育学原理 [M].合肥：安徽大学出版社，2008：198
[③] 余双好，李芳.关于思想政治教育途径、载体、方法关系的思考 [J].马克思主义理论学科研究（季刊），2016（01）：147-158

有价值中立性的特点。从思想政治教育实践来看，思想政治教育载体强调的是进行价值观教育的实践工具。在思想政治教育的过程中，需要综合运用各种载体，以实现最佳的教育效果。不同的教育目标需要选择不同的载体，从教育的过程来看，思想政治教育受到主体、客体、介体和环境等多因素的变化，只要综合运用各种载体才能保证教育的合力。新媒体作为大学生获得信息的重要载体，在价值观教育中必须整合媒体资源，进行载体创新，同时也要坚定价值导向。

三、思想政治教育接受论

思想政治教育是由教育者与受教育者组成的教育实践活动，而接受是思想政治教育的一个重要环节。思想政治教育是一个"教"与"受"统一的教育实践活动，既包括教育者施教的环节，同时也包括教育者接受的环节。思想政治教育的目的在于对思想政治教育所传递的内容在心理层面的接受。接受了思想政治教育的源泉和动力。离开了受教育者的接受环节，思想政治教育就不是一个完整的过程，那任何的教育实践活动都是无意义的。在思想政治教育过程中，受教育者不仅是教育的对象，同时也是接受的主体。受教育进接受一定的思想和观点时，会受到自身的个体因素的影响，如情感、态度与习惯，从而产生了不同的选择。① 可以说，接受是思想政治教育过程中的一个重要的环节，缺少了受教育者的接受，就无法实现思想政治教育的有效性。因此，从思想政治教育接受论可知，价值观教育的有效性是基于学生对价值观教育内容的接受，在教育的过程中，不能把学生作为一个知识的容器而忽视了受教育的主体地位，而是要充分发挥教育者的主导作用的基础上，关注受教育的兴趣与需要，使学生以更加主动与积极的姿态对价值原则和价值规范作出自觉地理解与认同。

---

① 陈万柏，张耀灿. 思想政治教育学原理 [M]. 北京：高等教育出版社，2015：135.

第三章 新媒体时代高校价值观教育创新的实践基础

"任何一项技术都倾向于创造一个全新人类环境。"① 由于新媒体技术的发展,从而创造了一个全新的媒介环境,实现了人与信息关系的根本变革,同时促使了人在信息在生产、储存、加工、传播等能力不断提升。在新媒体环境下高校价值观教育将会呈现出一些新的发展趋势,这些发展的趋势也必然会影响高校价值观教育的发展,这些新的变化成为高校价值观教育创新的实践基础。

第一节 新媒体技术的发展形势

面对新媒体技术带来影响,高校价值观无可回避,唯有顺势而为,积极进行自我调适,发挥新媒体的优势,使新媒体赋能价值观教育的创新发展。

一、新媒体资源开放共享进程加快

新媒体的传播具有即时性的特点,"人类有史以来的信息交流与传播,从烽火报告、信使传递家书、联机检索到互联网络,变化的不仅是信息内容,更重要的是信息处理与传播的方式。"② 随着新媒体技术的不断成熟,改变了传统媒体因为不同地域、不同空间而产生的信息传播障碍,使信息能够实现共享而得到全球性的传播。新媒体使得信息传播量更多、范畴更广。不同的新媒体平台,接入

---

① [美] 查理德·斯皮内洛. 世纪道德——信息技术的伦理方面 [M]. 刘钢译. 北京:中央编译出版社,1999:1

② 鲍宗豪. 网络与当代社会文化 [M]. 上海:上海三联书店,2001:20.

了互联网后，从而建立了一个巨大的信息数据库。这个数据库无论从空间还是时间维度都体现了开放性。在信息技术的助力下，新媒体能够提供难以想象的海量的资源。这些资源可能不受时空的限制，在任意一个接入互联网的设备中进行传播。同时，越来越多依靠新媒体的平台相继出现，而每一个新媒体平台事实上就是一个大数据平台。新媒体的不断发展，学生能够利用多种多样的新媒体平台共享互联网的信息，打破了信息与信息之间传播的壁垒，实现了信息资源共享的。新媒体技术的发展，使任何在任何地方通过任何一个新媒体的终端设备，就能向任何人传递任何信息或接收来自不同人的信息。新媒体开启了一个"数据化生存"的模式，任何的信息如文字、图片、音频、视频等信息，只要接入互联网，就能够传播到世界上任何的地方，就能够随时随地生成海量的信息，而且能够实现信息的无缝传播。随着各个平台的建设和不断出现的终端设备，新媒体资源开放的共享过程变得越来越快，人被各种海量的信息所包围，影响着学生的思维方式、思想观念和价值取向。因此，新媒体时代，网络资源的开放性大、共享程度高，人与人之间的交流互动更为便捷。面对新媒体、新形势，高校价值观教育必须能够及时地收集和整理大学生所关心的热点和焦点问题，在具体的教育过程中及时地回应大学生的重点关切，在解决问题的过程中塑造大学生的价值观。

二、新媒体的传播力持续推进

价值观教育本质上是一种价值观传播，作为新的传播介质，新媒体对价值观传播产生一系列的影响。新媒体技术的发展促使大众传播呈现了新的趋势，新媒体的出现革新了信息的处理和传播方式，传统的媒体如报刊、电视等对于信息的采取也强调其快捷及时性，但由于受到各种技术水平和时空的限制，其传播速度与传播的即时性无法达到新媒体的水平。媒体传播具有交互性，传统的媒体采取单向的方式，传播的模式始终属于单向传输，一方面信息传播一方负责信息的传播，另一方面由信息接收方进行信息的接收。基于这样的单向传输的方式，信息接收方无法及时将信息反馈对方，从而影响了传播的效果。传播学科创始人施拉姆提出了传播的"循环模式"，这样的模式下，信息传播方与信息接收方两者的地位是一致的，他们即信息传播的一方，同时也是信息接收的一。而新媒体正是基于这样的循环传播的模式。在新媒体的环境下，传播双方的地位越来越模糊，信息的传播可以是信息接收的一方，信息接收者可以是信息传播的一方式，信息传播双方是在同一水平线上进行交流与互动。相比于传统媒体，新媒体的最为本质和最凸显的特征就是其互动性。随着新媒体技术不断成熟，革新了传统的信息传播方式，新媒体的传播力越来越强，其技术优势也越来越得以凸显。新媒体使得传播的方式发生了革命性的变化，信息传播的方式单向传输转向为，信息传播双方能够及时得到有效地互动。信息接受一方的角色也从被动转为主动，信息接收者能够主动介入和积极参与传播的全过程。随着新媒体的传播越来越大，信息传播者与接收者之间的角色地位也常常发生转换，他们既承担着信息传播的角色，同时也承担着信息接收的角色，信息的接收同时也能够为下一次的信息传播奠定基础。同时，随着新媒体的传播力越来越凸显，传统的媒体过去所处于主导地位发生了改变。在传统的媒体中，由于信息接收方是被动地接收传播信息，信息传播方一般只会根据自身工作的需要而选择传播的信息，往往忽视了信息接收群体的需要。基于这样的条件下，信息接收者在信息传播过程中往往处于劣势的地位。而随着新媒体的传播力持续推动，信息接收者的地位发生了改变，从传统的被动信息接收到主动介入，能够全程参与到信息的传播过程中。同时，能够对所接收的信息进行及时地反馈，选择性地接收相关的信息。因此，面对新媒体传播力持续推进，传统的单向度的信息传输教育已无法适应现阶段双互传播机制，新媒体时的价值观教育，要提升内容传播的精准度，对传播的信息进行精准化的传播，从而能够应对新媒体技术教育对象的个体化需求。

三、新媒体技术与教育方式的融合日益深入

新媒体技术的迅速发展使互联网与教育领域的跨界融合越来越紧密，推动传统教育与新媒体技术的有效融合，使得高校价值观教育的教育手段日益灵活多元，为高校价值观教育带来了新的机遇，新媒体已经逐渐深入到高校价值观教育的各个环节之中，使传统的价值观教育的内容、方式、场域等发生着不同程度的改变，从以一种几乎全新的面貌改变着传统制作人地观教育的运行规则、教育形态和基本流程。这是高校价值观教育顺应时代的发展并发生变革的重要体现，也

是价值观教育面对新媒体的积极回应和主动适应。这种融合不仅提升了教学的灵活性与有效性，还能够增强学生的参与感和互动性，从而让价值观教育更具吸引力和现实意义。线上线下结合的教学模式为学生创造了更丰富的学习体验。在传统的价值观教育模式下，由于未与新媒体结合，其采取的教育模式往往是一种"大水漫灌"的方式，而新媒体背景下，教师可以利用新媒体平台进行信息传递与交流，例如通过在线讨论、互动课件和网络直播等形式，能够对学生进行"滴灌式"的教育模式。由于新技术与传统价值观教育方式融合日益深，能够为学生提供了一个自由表达观点的平台，他们可以在这里分享自己的看法，与同伴进行深入的思想碰撞，教育环境的改变，传统的教育模式已无法实现教育对象的全盘接受，迫切地需要构建新的价值观教育模式。要根据学生的认知特点和思想状态，寻找教育的各个要素与教育对象需求的切入点，推动教育模式由单一式向体验式、沉浸式和全景式方向的发展。这种互动的教育模式不仅激发了学生的学习兴趣，还帮助他们从不同的视角看待问题，形成更全面的价值观。

同时，新媒体技术改变了教师传统的教学方式，教师可以设计更加生动有趣的教学内容。例如，通过视频案例、短片和动画等多媒体手段，教育者能够将抽象的价值观念以更直观的方式呈现给学生。这样的视觉呈现方式，能够吸引学生的注意力，增强他们对学习内容的理解和记忆。在实际教学中，教师可以结合实际案例，通过游戏的方式展示社会现实，激发学生的思考，使价值观教育与他们的生活更加紧密相连。学生可以在课后通过新媒体资源进行扩展学习，查阅相关的材料和视频，从而加深对价值观教育内容的理解。这种自主学习不仅提升了他们的信息素养，还培养了批判性思维能力，使他们在面对复杂社会现象时能够做出独立的判断。在这样的学习过程中，学生逐渐培养出强烈的社会责任感和道德意识，意识到自己在社会中的角色和责任。面对新媒体呈现出新的环境，"目前关于如何利用现代科技手段，促进积极健康的文化传播的理论研究也比较滞后。由于大多数高校思想政治教育者不是信息技术方面的专业人士，对以互联网为代表的现代科技缺乏直观地认识，应用不多，介入不够，因此导致对问题剖析不够全面深入，解决问题的方案缺乏针对性，特别是缺乏技术层面的支持。"① 新媒体的传播形式多样性、便捷性在一定程度上影响了高校价值观教育，增强了高校价值观教育的难度。新媒体背景下，学生获得的信息渠道多样，如何真正发挥价值观教育主渠道的作用，培养具有社会主义核心价值观的时代新人，是当前高校价值观教育面临的一个严峻任务。

第二节　新媒体时代高校价值观教育内容呈现的新特点

高校价值观教育的内容创新是适应时代发展的必然要求。通过利用新媒体技术，教育者可以设计出更具吸引力和实际意义的教育内容，以更好地引导学生树立正确的价值观。

一、融合多元文化元素

新媒体技术的迅速发展为高校价值观教育带来了前所未有的机遇，尤其是在多元文化的传播和整合方面。通过借助新媒体的优势，高校不仅可以拓宽学生的文化视野，还能深入培养他们的全球意识和包容性。通过社交媒体、在线课程和视频平台，高校能够快速引入来自世界各地的文化元素。比如，学生可以通过观看国际新闻、纪录片和文化交流活动，直接接触到其他国家和地区的价值观和社会习俗。这种直接而生动的文化体验，能够让学生更真实地感受到不同文化背景下的人们如何看待生活、伦理和社会问题，从而引发思考和讨论。

由于新媒体技术的发展，在多元文化的浪潮中，价值观教育的内容也面临着元文化冲击的处境。价值观既是教育的内容，同时也是文化的一部分，在不同的文化背景下，价值观拥有着不同的含义，因此也产生了价值观的文化边界。价值观产生于文化之中，在这样的界定下，多元文化视野中的价值观教育也呈现出了复杂性和多样性。文化不同，价值观的范围也不同。新媒体技术带来了更为多元的文化，学生接触了更为广泛的文化体系，多元文化带来了价值取向的多样性。可以说，多元文化时代，传统文化与现代文化、东方文化与西方文化、民族

---

① 潘敏、陈中润、于朝阳：《高校网络思想政治教育研究综述》，《高校理论战线》2006年第11期。

文化与外来文化交锋交流交融，大学生已不能像过去一样是处在象牙塔里面的学生。通过新媒体技术他们能够与校园外的世界进行频繁的交流和互动，不同的文化传统决定着不同的价值观教育内容，价值观教育内容植根于特定的国家文化传统，这使得在多媒体环境下价值观教育的重点内容也发生了相应的变化。

二、结合时代转换发展需要

在传统的媒体时代，价值观教育更多地强调的是政治教育，而随着新媒体技术的发展，价值观教育也面临着向新时代转化的契机。现代价值观教育内容在坚持政治性的价值取向和本质规定的基础上，拓展了教育内容。社会主义核心价值观体系鲜明反映了价值观教育内容转换的时代性。根据核心价值体系，内容包括马克思主义理论教育、理想信念教谕、爱国主义教育、荣辱观教育等。此外，还应该包括公德、职业道德、家庭美德以及心理健康教育、现代人格教育。马克思主义教育提供的是认识世界和改造世界的思想武器，理想信念教育充盈用于凝聚国民投入社会主义现代化强国建设，民族精神和时代精神用于弘扬爱国主义等优良传统和强化社会改革创新等现代精神，社会主义荣辱观提供了现时的基本价值取向和行为准则。应对新媒体时代，价值观教育对现代社会的要求进行内容创新，一是主流文化与大众文化相契合；二是现代性内容和稳定性内容相结合；三是民族性内容与世界性内容相融合；四是政治性内容与生活性内容相耦合；五是思想性内容与审美性内容相整合[①]。在现代社会中，人与自然、人与社会、人与人、人与自身的关系无不在遭遇冲击中调整、提升，随之而来的就是价值观内容的更新。尤其是新媒体技术人，多媒体素养成为价值观教育的一个重要内容。

面对着新媒体的多元价值时代，价值观教育内容在转弄的过程中，要面对的是"一元"与"多样"的关系问题。从价值取向的角度来看，价值观教育的内容涉及主导文化、主流文化、亚文化和反文化等诸种文化。主导文化在本质上就是主流价值观以及核心价值体系。主导文化能够有效地克服价值分散化而导致的文化矛盾与冲突，它不是一般所理解的官方文化，它具有评价、凝聚、收编、选

---

① 李书吾：《大众文化发展与思想政治教育内容创新》，《思想理论教育》2012年第11期。

择、延续等方面的功能，体现的是国家的文化软实力[1]。新媒体时代下，价值观教育的内容呈现出一元主导、多样发展的新形势，要坚持主导的价值观教育内容，同时也要对多元的价值观内容进行引导，最大程度地实现价值观共识。

三、整合科技与人文教育

新媒体技术下，随着现代科学技术在科学中的应用，"人被抽象化""人被符号化""人被非个性化"造成了人的价值的失落、精神的迷失和信仰的迷茫。现代技术在社会生产和生活中起着越来越重要的作用，正确认识科技的社会作用、树立正确的科技价值观，是社会发展现实对人类提出的客观要求。在科技正负作用日益明显的现实情况下，人认识到科学并不是万元的，人的一些问题都是由技术直接或间接下来，以至于出现了对科学技术的盲目崇拜和迷信，而人文则被当做没有用处的废物弃之不顾。在这样的情境下，人文教育的呼声又重要回到了教育的重要领域，在追求科技进步的同时更关注人文化的进行，实现科技与人文化协调发展。大学不仅是传播科学知识的场所，同时也是培育和弘扬人文精神的殿堂。一方面，既要传授相关的科技价值，同时也不能忽视了人文化精神，两者相结合才能使真正的科学技术精神往正确的轨道中进行。新媒体技术的出现加之人文教育的呼声，高校价值观教育注重把科学教育与人文教育内在地结合起来，培养既具有科技水平的人才，同时也培养具有真、善、美的统一发展、具有健全人格的人才。

四、注重实际案例与社会热点

随着新媒体技术的发展，人能够对社会中的热点事件能够快捷地了解与把握，这些社会热点与社会案例成为高校价值观教育的重要教学资源。在当今的教育环境中，将实际案例与社会热点融入高校价值观教育已成为一种有效的教学策略。这种方法不仅使教育内容更加贴近学生的实际生活，还能够激发他们的思考和参与意识。关注当前的社会问题和政策变化，可以让学生感受到价值观教育的现实意义。通过引入具体的社会案例，如环保政策的实施或社会公平问题的讨

---

[1] 刘志友：《论主导文化》，《陕西师范大学学报（哲学社会科学版）》2010年第6期。

论，教育者能够让学生在真实的情境中理解和反思。这种联系实际的方式，帮助学生将抽象的价值观念与具体的社会现象结合起来，使他们更容易接受和内化所学内容。利用新媒体平台传播社会热点话题，为学生提供了丰富的讨论素材。例如，通过社交媒体、博客和视频平台，教育者可以分享有关当前事件的报道和评论，引导学生进行深入讨论。这种互动不仅增强了学生的参与感，还促使他们思考这些热点问题对社会的影响和个人的责任。学生能够在辩论和交流中形成自己的观点，并理解多元价值观的存在。通过分析社会热点事件，学生可以学习如何从不同的角度看待问题，评估信息的可靠性和多样性。例如，在讨论某一社会事件时，学生需要分析不同媒体的报道，理解其立场和偏见，从而形成更全面的判断。这种批判性分析不仅提升了学生的信息素养，也为他们在未来的社会参与中打下了坚实的基础。

结合社会热点进行的价值观教育，还能够增强学生的社会责任感。通过讨论社会问题，学生能够更清晰地认识到自身在社会中的角色和责任。这种意识的增强，促使他们积极参与志愿服务、社会实践等活动，将价值观落到实处。教育者可以通过组织相关的社会实践活动，让学生在真实的环境中体验和践行他们所学的价值观，进一步加深对社会责任的理解。实际案例与社会热点的结合，也为教师提供了丰富的教学资源。教师可以根据当下的社会动态灵活调整教学内容，使教育始终保持活力与相关性。这种适应性不仅提升了教学的有效性，也让学生感受到教育内容与他们生活的紧密联系，从而增强学习的动力。

第三节 新媒体在高校价值观教育实践中的深度应用

新媒体技术的应用成为高校价值观教育的重要手段和方式，而随着新媒体技术在高校教育应用的渗透，新媒体与高校价值观教育实践也实现了深度的融合。

一、新媒体平台成为教育信息传播的主渠道

新媒体的出现，以其虚拟性带给人新鲜、刺激感受，以其巨大的影响力改变着人的生存方式，也深刻地影响了高校价值观教育。不容否认，新媒体技术越

来越成为教育信息传播的主渠道，给教育实践场域带来了一系列的变化。

(一) 信息传播快速且覆盖面广

随着新媒体平台的迅猛发展，高校价值观教育的传播方式经历了深刻的变革。新媒体的普及使得教育者能够在极短的时间内，向庞大的学生群体传递信息。这种传播的迅速性让教育者能够及时更新教育内容，确保其紧跟时代的步伐。例如，通过微博和微信等社交媒体，教师可以迅速发布重要的教育信息或活动通知，让学生能够在第一时间获取所需的知识和指导。此外，这种高效的传播方式不仅提高了信息的可达性，还使得更多的学生能够参与到价值观教育中来。通过社交媒体，学生可以在任何时间和地点接触到丰富的教育资源，不再局限于传统课堂的教学。这种自由度让学生能够根据自己的兴趣和需求，选择合适的学习材料，从而增加了学习的主动性和自主性。

新媒体的即时传播特性，使得教育信息可以迅速覆盖到不同地域和文化背景的学生群体。这种广泛的覆盖面使得价值观教育不再局限于某一特定的群体，而是能够面向所有学生，促进他们对多元价值观的理解和接纳。例如，在全球性的话题讨论中，学生能够看到不同国家和地区的观点，这种多样性为他们的价值观形成提供了更为丰富的视角。新媒体平台还允许教育者采用各种互动形式来增强传播效果，例如直播、在线讨论和评论功能。通过参与互动，学生能够与同伴和教育者进行思想的碰撞，为学生提供了不同的学习和思考角度，进而深化对价值观的理解和认同。这种互动性使得教育不再是单向的信息传递，而是一个双向甚至多向的沟通过程，促进了更深层次的思考与交流。

借助数据分析，新媒体平台能够为教育者提供有关学生信息接触与学习行为的反馈。教育者可以根据学生的兴趣和参与情况，调整教育策略和内容，从而提高教育的针对性和有效性。这种基于数据的反馈机制，不仅有助于教师了解学生的需求，也能够进一步优化教育效果，使得价值观教育真正做到因材施教。

(二) 交往的互动性与开放性

新媒体技术下价值观教育的过程的交互性打破了教育者与受教育者的固定地位，变被动式教育为互动式教育。学生能够即时表达对教育内容的看法和感受，这种即时反馈不仅使学生在学习过程中感受到自己的声音被重视，也促使他们更加积极地参与到讨论中，学生主体意识被极大地调动起来。在新媒体环境下，教预测性者必须平等地与受教育者探讨问题，教育者能够通过学生的反馈，实时了解他们对价值观教育内容的理解与接受程度。传统教学中，学生的反馈往往需要经过较长的时间才能收集，而新媒体平台的即时性则使得这一过程变得高效而迅速。教育者可以通过分析学生的互动数据，发现哪些内容受到欢迎，哪些地方可能存在误解。这种信息的及时获取使教育者能够在教学过程中做出适时调整，从而提升教学的针对性和有效性。

这种互动性的教学与反馈，教师不仅可以根据学生的反馈调整课堂内容，还可以引导学生针对具体问题进行深入讨论。"师生随时可以通过网络媒体、手机媒体等交流、留言以及预约，既能线上沟通又能线下沟通"①，例如，在在线课程中，教师可以根据学生的实时反应，调整讲解的重点或深入某个学生提到的问题。这种灵活性增强了教学的适应性，使得学生能够在最需要的时候获得指导和支持。同时，互动与反馈机制也为学生提供了一个共同学习的平台。在这一平台上，学生不仅可以与教师互动，还可以与同伴进行思想交流。这种同伴学习的机会，能够促使学生在互动中拓宽视野，形成更加全面的价值观念。通过彼此间的讨论，学生能够更深入地理解不同观点，提升自身的批判性思维能力。

同时，新媒体包含的丰富的文字、图片、声音等多种媒体信息资源，也拥有各种信息传播功能，是一个完全开放的世界。在新媒体环境下，高校的信息"围墙"逐步消失，学生能够通过新媒体介质获得更丰富的信息，扩大了自身的视野，能够及时地了解社会动态和科技状态，加深和扩展对所学知识的了解，而且对党、国家的方法、政策和要求等信息的传播能够快速地掌握，新媒体环境的开放性，要求价值观教育的主体和客体要都面临把课堂向课堂外延伸的挑点。

（三）内容呈现的多样化和虚假化

新媒体技术的迅猛发展为高校价值观教育的内容呈现提供了前所未有的多样化选择。这种多样性不仅使教育内容更具吸引力，还能够满足学生不同的学习需

---

① 杨丽丽. 新媒体视阈下高校师生共同体建设研究［J］. 广西社会科学, 2018, (03): 207-211.

求，提升其参与度。通过图文、视频、音频等多种形式，教育者能够以更生动的方式传递价值观念，使得学生在学习过程中更容易理解和认同。短视频的广泛应用为价值观教育提供了极具冲击力的传播方式。与传统的文字教学相比，短视频能够通过生动的画面和生动的故事情节，将抽象的价值观具体化。例如，通过展示某一社会现象的短片，学生不仅能看到事件的真实场景，还能够感受到其中的人情味和社会背景。这种视觉冲击力使学生更容易产生情感共鸣，从而在潜移默化中接受和内化这些价值观念。

结合文字与图片，教育者能够将复杂的理论和观点以更直观的方式呈现。例如，利用信息图表展示某一社会问题的数据和背景，能够让学生在短时间内快速掌握关键信息。这种形式不仅提升了信息的可读性，还能够激发学生的兴趣，使其愿意主动探索和了解更多相关内容。通过播客和音频课程，学生能够在任何时间、任何地点进行学习。无论是在校园内还是在通勤途中，音频内容的灵活性使得学生能够随时接触到价值观教育的相关知识。这种便利性为学生的学习提供了更大的自由度，鼓励他们在生活的方方面面都能进行思考和反省。

多样化的内容呈现形式还促进了学生之间的互动与合作。教育者可以通过社交媒体平台，鼓励学生分享他们自己的学习体会和见解。这样的互动不仅丰富了学习内容，还增强了学生之间的联系。学生通过彼此的经验和观点，能够更深入地理解价值观教育的内涵，促进了思维的碰撞与融合。

二、新媒体平台搭建了互动式学习社区

大学生是一个具有高度聚集性的群体，学习社区于大学生而言产生的影响非常大，是学校进行价值观教育的重要场域，新媒体技术的发展，搭建了互动式的学习社区，学生能够在互动式的学习社区中交流意见，共同探讨相关的问题，对大学生的价值观形成产生重要的影响。

（一）增强交流与互动

新媒体平台为现代教育提供了丰富的沟通工具，极大地改善了师生和学生之间的互动方式。通过主题讨论区和在线问答功能，学生能够以便捷的方式随时参与到课堂外的交流中。这种实时互动不仅让学生感受到学习的灵活性，也促进了

他们在知识获取过程中的积极参与。例如，当学生在某个主题讨论中提出问题时，教师或其他同学可以迅速回应，这种即时反馈机制增强了学习的连贯性和有效性。通过多样的交流渠道，学生们能够在不同的环境下分享各自的观点和经验。在线平台消除了传统课堂中存在的时间和空间限制，使得无论是面对面的讨论，还是远程的交流，都变得更加自然和高效。在这样的互动环境中，学生可以更加自由地表达自己的看法，探索不同的思维方式，从而拓宽了他们的知识视野。此外，这种开放的交流形式能够激发学生的思考，鼓励他们提出更深入的问题，推动讨论的深入发展。

新媒体下高校价值观教育能够推动教育平台智能化构建，为学生精准化、个性化内容。许多学生在面对面的课堂中可能因为害怕发言而选择沉默，而在新媒体平台上，他们可以通过文字表达自己的想法。这种转变让更多内向或不善言辞的学生有了展示自我的机会，进而提高了整个学习社区的参与度。通过这种多样化的互动形式，学生不仅可以获取新的知识，还能在交流中逐步形成更加全面的观点。教师能够通过在线平台更好地了解学生的需求和困惑，从而有针对性地调整教学内容和方式。师生之间的频繁交流不仅增进了彼此的理解，也增强了师生关系的亲密感。这种良好的互动关系能够激励学生更加主动地学习，使他们在学习中感受到支持和鼓励。

在线问答功能为学生提供了一个平台，可以将课堂外的疑惑带入讨论中。许多学生在课后对某些知识点有疑问，但在传统环境中，他们可能不愿意在下一次课上提问。然而，在新媒体平台上，他们可以随时提出问题，教师和同学可以及时给予解答。这种即时性和便利性极大地提高了知识的传递效率，使学习不再局限于课堂内的时间和空间。学生在讨论中不断接触到多样的意见，能够更全面地理解问题，形成自己的见解。这种多元化的讨论氛围不仅提高了学习的深度，也增强了学生的适应能力和思维灵活性。学生不仅仅是被动的知识接受者，他们更是积极的参与者。通过参与讨论、回答问题和分享经验，他们在互动中不断进行自我反思和自我学习。这种学习方式不仅提高了他们的知识水平，也培养了自主学习的能力，使他们能够在未来的学习中更加主动和独立。

(二) 促进合作与团队精神

小组活动是互动式学习社区的核心组成部分，能够有效促进学生之间的合作与交流。通过将学生分成小组，他们在共同面对问题时，必须协调各自的想法与观点，培养出强烈的团队合作精神。这种合作不仅让学生在知识上互相帮助，更在情感与心理上建立起深厚的联系。通过集体讨论和任务分配，学生们能够体验到团队合作的真实感受，了解如何在群体中发挥各自的优势，达到更好的学习效果。当学生们在小组中工作时，他们会遇到各种各样的挑战。这些挑战要求他们积极思考，寻找解决方案，并有效地分配任务。学生们不仅能够提高自身的解决问题的能力，还能在互动中发现他人的长处与短处，学会欣赏多样性。每个人的贡献都被认可，这种集体认同感进一步激励了学生在合作中的积极性，形成一种良性的学习氛围。

在这种小组活动的过程中，学生们分享各自的知识与经验，从而构建起共同的知识体系。每个成员都可以将自己独特的见解带入讨论中，激发出新的想法和创意。学生们学会从不同的角度分析问题，增强了对复杂情境的应对能力。在共同的任务中，学生们必须学会尊重彼此的意见，愿意倾听和接纳不同的声音。这种相互尊重的氛围有助于促进包容性，使学生在合作中成长为更具社会责任感的人。通过实践，学生不仅仅是在学习学科知识，更是在学习如何与他人合作，如何在多元的环境中生活和工作。

通过精心设计的小组活动，教师能够有效地引导学生在互动中深化理解。教师可以根据不同的学习目标，制定相关的任务和项目，让学生在解决实际问题的过程中锻炼团队合作能力。这种实践不仅能够提高学生的学习兴趣，还能够培养他们的实践能力，使他们在未来的工作中更加适应团队协作的环境。在小组活动中，学生们需要学会时间管理，合理安排任务进度，确保小组目标的实现。通过分工与协作，学生们不仅能够提高工作效率，还能培养责任感和使命感，懂得如何在团队中承担自己的角色与职责。这种能力在未来的学习和职场中都具有重要的意义。

在网络环境下，小组活动的灵活性和便利性进一步增强。学生们可以在不同的时间和地点进行合作，利用在线工具共享资料和进度。这种灵活性使得小组合作不再受到传统课堂的限制，学生能够在更广泛的背景下进行交流和合作，打破了地域的界限，拓宽了视野。在共同努力的过程中，学生们会分享成功的喜悦与失败的教训，这种情感的连接不仅增强了团队凝聚力，也为学生的社交能力提升奠定了基础。通过这样的互动，学生们能够学会如何在合作中与他人建立良好的关系，增强社会适应能力。

(三) 提升学习参与感与归属感

互动式学习社区的设计旨在让每个学生在学习过程中感受到自身的价值。通过创建一个开放的环境，学生们能够积极参与到讨论和活动中，从而增强了他们的学习参与感。这种参与感不仅体现在知识的获取上，还体现在情感的投入上。当学生感受到自己在课堂和社区中被重视时，他们的学习动机自然会提升。每一次发言、每一个观点的分享，都让他们意识到自己的声音是重要的，这种认同感促使他们更加积极地参与到学习中，不仅提升了学生的参与，还极大地增强了他们对学习社区的归属感。在互动过程中，学生们建立了彼此之间的联系，形成了一个共同体。通过讨论、合作和分享经验，学生们不仅了解了各自的背景和观点，还在不断交流中形成了深厚的友谊。这种关系的建立，使得学生在学习中感受到了一种归属，进而激励他们更加主动地投入学习活动中。每当他们看到同伴的参与和支持时，都会感受到一种共同奋斗的动力，进而增强了对学习的热情。

教师通过鼓励和引导，营造出一个积极的氛围，让学生们在表达自己的观点时不再感到恐惧或羞怯。教师的认可与支持能够有效增强学生的自信心，帮助他们更好地融入学习社区中。教师的积极反馈不仅使学生们感受到被重视，也让他们认识到自己的努力和成就得到了认可，这进一步增强了他们的学习动力和归属感。此外，互动式学习社区通过丰富的活动设计，鼓励学生在不同层面上参与到学习中。例如，定期的团队项目、在线问答以及主题讨论等，都为学生提供了多种参与的机会。这种多样性使得每个学生都能找到适合自己的方式进行参与，无论是通过口头表达、书面讨论还是小组合作，每个人都能在社区中找到自己的位置。这种多样的参与形式不仅使学生们感到快乐和满足，还使他们更加愿意探索和学习新知识。

当学生们在这种积极的学习氛围中成长时,他们的学习体验也会变得更加丰富多彩。通过不断互动与合作,学生们不仅提升了自己的学术能力,还在社会交往中获得了自信和能力的提升。学习不再是孤独的过程,而是一个充满交流与分享的旅程。每个学生都在这个过程中找到自己的角色,从而增强了对学习社区的认同感,形成了共同的学习目标和价值观。这种归属感和参与感对学生的长期发展具有深远的影响。研究表明,当学生在学习过程中感到归属感时,他们往往会表现出更高的学习动机和学业成绩。通过营造一个支持和包容的学习环境,学生不仅能够在知识上获得成长,也能够在心理和情感上获得积极发展。这样的互动式学习社区,真正实现了教育的核心目标:让每一个学生都能够在学习中找到属于自己的位置,感受到自己的价值。

三、 新媒体平台提供了丰富的教学形式

新媒体技术的发展为教育者提供了丰富的多媒体资源,极大地拓宽了教学形式的可能性,"大学生拥有更多了解国内外信息的渠道,这也为其进行文化、思想交流和碰撞创造了良好的机会"[1]。教师能够运用视频、音频、图文等多种媒体形式,不仅可以生动地呈现复杂的价值观念,还能够提升学生的学习兴趣和参与度。通过这些生动直观的内容展示,学生能够更深刻地理解抽象的理念,从而加深对教育内容的认同和接受。多媒体资源的运用首先在于其生动性。例如,教育者可以利用短视频展示社会案例,展现人际关系、道德选择和社会责任等主题。这些视频不仅能够传达信息,还能够引发学生的情感共鸣,使他们对所学内容产生更深思考。观看这些真实的案例后,学生们能够更好地理解不同价值观的碰撞与融合,从而在情感上与学习内容产生联系。这样的学习体验远比单纯的文字讲解更为深刻,能够有效地激发学生的兴趣,促使他们主动参与到讨论中。

在课堂上引入播客或访谈录音,可以让学生听到不同领域专家的见解和观点。这种多样的声音来源能够帮助学生拓宽视野,理解复杂的价值观念背后的多

---

[1] 陈敏生,夏欧东,朱汉祎,等. 高等院校推进课程思政改革的若干思考 [J]. 高教探索,2020 (8):77-80.

元思考。通过聆听，学生能够接触到更广泛的社会声音，从而在心灵深处产生共鸣，增强对价值观教育内容的认同感。此外，音频材料的灵活性使得学生可以在任何时间、任何地点进行学习，进一步提升了学习的便利性和有效性。通过将文字与图片、图表结合，教育者能够将复杂的概念以更加直观的方式呈现给学生。例如，利用信息图表展示社会现象的数据，能够帮助学生更清晰地认识到某些问题的严重性和复杂性。图文并茂的内容能够有效地吸引学生的注意力，使他们在学习过程中更易于理解和消化知识。此外，视觉元素还能够激发学生的想象力，促进他们对学习内容的深入思考。

新媒体技术还允许教育者创建互动性强的学习活动，例如通过在线平台进行实时讨论。在观看视频或听取音频后，教师可以组织学生进行小组讨论，分享他们的看法和感受。这种互动形式不仅能加深学生对内容的理解，还能够让他们在分享中学习到不同的视角和观点。这样的讨论有助于学生形成更加全面的价值观，同时也增强了他们的表达能力和思辨能力。通过丰富的多媒体资源，教育者能够更好地设计课程，增强学生的参与感和归属感。例如，在价值观教育课程中，结合各种媒体元素，教师可以创建一个多层次的学习环境，使学生在探索和交流中获得更深入理解。学生不仅能够学习到知识，还能够发展出更为成熟的价值观。

通过分析学生在观看视频或参与讨论时的表现，教师可以针对不同学生的需求调整教学内容和方式。例如，某些学生可能对社会责任的案例反映强烈，而另一些学生则可能对道德选择的情景更加感兴趣。教育者可以根据这些反馈，灵活调整课程内容，以满足不同学生的学习需求，从而提升教育的有效性。

四、新媒体平台拓展了更广阔的教学实践空间

新媒体平台的兴起，慕课、在线课堂等教学平台的出现，为高校提供了丰富的线上活动与实践机会，尤其在价值观教育领域，给教学范式的变革带来了机遇，推进了教学实践空间"线下在场"与"线上缺场"的结合、推动了教育方式由传统的单向灌输向新媒体交互式转变、彰显了教学主体单位行动的意义建构，同时也实现了教学模式的个性化建构。"线上线下"相结合的教学活动空间

不仅丰富了教学形式，还为学生提供了更多实践体验的机会，使得价值观教育变得更加生动和真实。传统的价值观教育主要集中在课堂上教师的教学，教师通过板书、幻灯片的放映等方式进行教育教学，在师生实时共享、情感交互等问题上没有实现突破。而新媒体的发展为解决这些问题提供了可能，互联网、多媒体信息技术的快速发展，为大规模的价值观教育提供了现实可能。教育对象通过电脑、手机等互联网终端随时随地地进行虚拟社会实践，学生们能够在实践中深入思考和体验价值观，拓宽他们的视野与认知。虚拟社会实践作为一种新兴的教育形式，为学生提供了在真实世界中应用所学知识的机会。这类活动通常利用线上平台模拟真实的社会环境，学生可以参与到社区服务、环保项目或社会调研等活动中。在这些实践中，学生们不仅能够将理论知识与实际情况结合起来，更能亲身感受到社会问题的复杂性与多样性。通过与社区成员的互动，他们能够理解不同价值观的存在，增强对社会责任的认同感与理解，进而激励他们积极参与社会事务。

在线讲座为学生提供了与各领域专家直接对话的机会。这种形式的活动不仅能够让学生聆听到不同的观点和见解，还能促使他们进行深入思考与讨论。通过参与在线讲座，学生们可以接触到关于社会伦理、道德决策和人际关系等方面的知识，拓展了他们对价值观的理解。这种学习方式的灵活性使得学生能够在不同时间与空间中获取知识，增加了他们对学习内容的兴趣和关注度。学生们可以通过小组讨论、角色扮演和案例分析等多种方式进行深入的价值观探讨。通过团队合作，学生们能够分享个人见解，互相启发，形成更全面的理解。这种参与感和归属感不仅能增强他们对价值观教育内容的认同，也培养了他们的团队协作能力与沟通技巧。在轻松活跃的氛围中，学生们更容易接受和吸收价值观教育的核心理念。

开展线上活动与实践的方式，也为学生提供了反思与自我提升的空间。在参与活动后，学生可以通过撰写感想或进行小组反馈，进一步巩固所学内容。这种反思的过程让学生能够在实践中总结经验，深刻思考自己的价值观和信念，从而实现个人成长。在不断实践与反思中，学生们不仅能提升自身的社会责任感，更能在价值观的塑造过程中，形成更加成熟的世界观与人生观。

五、新媒体平台提升了教育评估及反馈的效率

新媒体平台不仅在内容传播和学习互动中发挥着重要作用，还为教育者提供了有效的反馈与评估工具。这些平台通过在线调查、问卷和互动讨论等形式，使教育者能够深入了解学生的学习效果和对价值观教育内容的反应。这种反馈机制不仅有助于教师及时调整教学策略，还能够基于数据驱动的方式，不断优化教育内容和形式，从而提升教育的实效性。教育者可以设计具体的问题，调动学生自我评价的积极性，把学生自我评价、学生集体评价、辅导员和班主任的评价考虑在内，涵盖学生对课程内容、教学方法以及学习体验的看法。这些数据的收集能够帮助教师了解哪些内容受到学生的欢迎，哪些方面需要改进。例如，通过在线问卷调查，教师能够清楚地看到学生对某些价值观念的理解程度，以及他们在学习过程中遇到的困难。这种反馈不仅是量化的，也为教师提供了宝贵的定性信息，帮助他们更好地把握教学方向。

新媒体平台相对于以往的传统的媒体平台，在信息传播的快捷性和及时性方面取得了跨越性的突破，打破了传统高校价值观教育模式在时空上的限制。高校可以借助新媒体平台挖掘大量的、信息以此来协助价值观教育工作的开展，为学生提供多维度、多层次和全方位的教育信息[1]。教师可以设置专门的线上讨论区，让学生就特定主题进行交流与反馈。这样的讨论不仅能激发学生的思考，还能使教师直接听到学生的声音。通过观察学生在讨论中的表现，教育者可以判断出他们对价值观教育内容的兴趣和理解程度。这种实时的反馈机制，让教师能够迅速识别教学中存在的问题，并进行调整，从而实现教育的动态优化。通过对学生反馈数据的分析，教师可以发现共性问题，并进行针对性改进。例如，如果大部分学生对某一价值观念的理解较差，教师可以考虑调整教学方法，或引入更多的实例和活动来加深学生的理解。这样的调整过程是基于真实数据的反馈，能够有效提高教育的针对性和有效性。

在实际应用中，新媒体平台的反馈机制也可以与教育目标结合，形成闭环。

---

[1] 曹塔庚.关于新媒体环境下高校学生工作的思考[J].思想理论教育导刊，2011（09）：120-121+127.

例如，教师在设计课程时可以明确设定学习目标，然后通过反馈数据来检验这些目标的达成情况。这种方法不仅提升了教育的透明度，也使得学生对自己的学习进度有了清晰认识，从而增强了他们的参与感和责任感。教育者通过不断收集和分析反馈，能够形成一个反馈改进的闭环，使得每次课程的设计和实施都基于前一次的反思和调整。新媒体平台凭借网络信息资源的丰富性、共享性和开放性等特点为大学生价值观教育提供了更为高效且便捷的信息资源。这样的循环不仅提升了教育内容的质量，也为学生提供了更优质的学习体验。通过有效的反馈机制，新媒体平台不仅提升了价值观教育的实效性，还为教育的持续改进提供了强有力的支持。

第四节　新媒体时代价值观教育实践路径的新变化

在新媒体技术的整合，高校价值观教育的实践呈现出新的变化。在传统的价值观教育实践中，教师只能采取单一的教学资源进行实践，或依靠线下活动开展教育活动。随着新媒体的发展，高校价值观教育的实践也发生了新的变化。分析高校价值观教育实践的新变化，为价值观教育创新奠定了实践的基础。

一、多媒体资源整合

在当今教育环境中，多媒体资源的整合成为提升教学效果的关键。教育者应充分利用新媒体技术，将视频、音频和图文等多种形式的教学资源有机结合，以实现对复杂价值观念的生动呈现。这种整合不仅丰富了课堂内容，还能够通过多感官的刺激，增强学生的学习体验，使得价值观教育变得更加生动和易于理解。视频作为一种直观的教学工具，可以通过生动的故事情节和实际案例，使学生更容易感受到价值观的实际应用。教育者可以选择相关的短片或纪录片，展示社会中真实的道德选择与价值冲突。在观看过程中，学生不仅能获取信息，还能产生情感共鸣，深入思考所展示的价值观念。这种视觉和情感的结合，能显著提高学生对复杂价值观的理解与认同。

通过播客、访谈录音或讲座录音，学生能够聆听专家或社会名人的观点。这种音频形式的灵活性使得学生可以在不同的时间和地点进行学习，增强了学习的便利性与可接触性。当学生接触到不同领域的声音时，他们能够从多元的视角理解价值观念的复杂性，从而丰富自己的认知。教育者可以利用图表、插图和信息图等形式，帮助学生理清复杂的概念和逻辑关系。这种视觉化的呈现，使得抽象的价值观念变得具体和易于理解。此外，图文的结合还能够提高学生的注意力，激发他们的好奇心，促使他们主动参与到学习中。

有效的资源整合不仅体现在内容的多样性上，还应注重教学策略的灵活运用。教育者可以根据教学目标和学生的特点，选择合适的多媒体资源进行组合。例如，可以先播放一段相关的纪录片，然后引导学生听取专家的分析，最后通过图文材料进行知识的巩固与总结。这种教学策略的多样化，有助于满足不同学生的学习需求，提升他们的学习积极性。通过提供在线学习平台，教育者可以将各种教学资源集中在一个地方，方便学生随时查阅。这种自主学习的方式，不仅能够提高学生对学习内容的掌握程度，还能激发他们探索新知识的兴趣。学生在自主学习中能够更好地控制学习节奏，进而提升他们的学习效果和积极性。

整合多媒体资源的同时，教育者还需关注教学效果的评估。通过收集学生对不同媒体资源的反馈，教育者可以分析哪些形式最能引发学生的兴趣，哪些内容最能帮助他们理解价值观。这种基于反馈的数据分析，可以为后续的教学调整提供依据，确保教育资源的有效利用。多媒体资源的整合不仅为价值观教育提供了丰富的内容，还创造了一个更加互动和参与的学习环境。学生在这种环境中，能够自由表达自己的观点，培养批判性思维和创造力。学生不仅在知识上得到了提升，更在情感上产生了共鸣，从而形成对价值观的深刻理解。

二、线上互动与合作

通过设置讨论区和小组合作项目，教育者能够为学生提供一个开放的交流平台，让他们在互动中自由地表达思想和分享经验。这种互动不仅能增强团队精神，还能促进学生对多元价值观的理解与尊重，创造一个积极的学习环境。在这个平台上，学生可以随时发表自己的看法，参与讨论，或是对他人的观点进行评论。这种形式的交流打破了传统课堂上发言的时间限制，让更多的学生有机会参与其中。通过讨论，学生不仅可以更深入地理解课程内容，还能够在倾听不同观点的过程中，拓宽自己的视野。这样的互动鼓励学生思考和质疑，使他们在辩论中形成更为全面的价值观。

在团队中，学生需要共同解决问题，完成任务。每位成员都能发挥自己的特长，互相学习。这种合作学习的方式不仅能够增强学生的团队合作能力，还能在共同的努力中建立起深厚的友谊。通过小组合作，学生在面对价值观的多样性时，能够更加包容和尊重彼此的不同看法，进而培养出开放的心态。虽然网络交流相较于面对面互动可能显得稍显冷淡，但通过有趣地讨论话题和积极交流，学生们可以逐渐打破这种隔阂。他们可以分享自己的经历，表达对某些问题的看法，这种情感的交流使他们更容易建立信任感，形成一个温暖而团结的学习社区。

在教育者的引导下，线上互动与合作能够有效提升学生的参与感和归属感。教师可以通过设置具体的讨论主题和小组任务，激励学生积极参与讨论。教师的反馈和鼓励也能极大地激励学生，促使他们更加投入。学生会感受到自己在团队中的价值，进而提升学习的积极性。

三、虚拟实践与社会参与

虚拟实践活动是新媒体时代价值观教育的重要创新形式，教育者可以通过设计这些活动，让学生在模拟环境中体验真实的社会情境。这种形式的教育不仅让学生身临其境地理解社会问题，还能够培养他们的社会责任感，深化对价值观的认识。通过参与虚拟社区服务、项目调研等实践活动，学生在互动中获得了宝贵的经验和感悟。在这个环境中，他们可以探索各种社会问题，而不必担心现实生活中的风险和后果。例如，通过模拟城市规划或社区服务项目，学生能够了解不同社会群体的需求与挑战。这样的实践不仅让学生体验到解决问题的复杂性，还能帮助他们认识到社会责任的重要性。当学生在虚拟环境中积极参与时，他们的同理心和责任感得到了增强。

教育者可以通过线上平台组织学生参与虚拟志愿活动，例如环境保护宣传、公益项目策划等。学生不仅需要提出自己的想法，还需要与同伴合作，共同推动项目的实施。这种实践使学生在实践中反思自己的价值观，并思考如何为社会做出贡献，从而在内心深处形成积极的社会责任感。通过参与项目调研，学生需要分析和评估社会问题的不同方面。他们学会了如何提出有效的问题，并寻求合理的解决方案。这种批判性思维的培养不仅对价值观教育有益，也为学生未来的学习和工作打下了坚实的基础。学生在面对复杂的社会问题时，能够更加理性和客观地进行分析，从而形成更加成熟的价值观。

通过虚拟实践，教育者还能够引导学生进行自我反思。在活动结束后，教师可以组织线上讨论，让学生分享他们的体验和感受。这种反思不仅可以加深学生对所学内容的理解，还能帮助他们在情感上与所面对的社会问题产生联系。通过这样的反思，学生能够明确自己的价值观，并思考如何将其应用于现实生活中。

四、反馈机制与评估

通过定期在线问卷和反馈讨论，教育者可以收集学生对课程内容的看法，从而及时调整教学策略。这种数据驱动的评估方式不仅能够优化教学内容，还能显著提高教育的有效性，为学生的学习体验提供支持。在线问卷作为反馈收集的重要工具，能够为教育者提供量化的数据。通过设计具体的问题，教师可以深入了解学生对课程的理解程度、学习兴趣和存在的困难。这些信息不仅有助于教师评估课程的整体效果，也能指出需要改进的具体环节。例如，如果问卷结果显示大部分学生对某一主题感到困惑，教师就可以考虑重新设计该部分的教学内容，增加更多的解释和示例。

在在线讨论区中，学生可以自由发表对课程内容的看法，讨论彼此的意见。在讨论中，教师能够观察学生的反应和参与情况，及时调整教学方式，以满足学生的需求。这种灵活性使得教学过程更加动态，能够更好地适应学生的变化。在反馈过程中，教师可以引导学生思考自己的学习进度和遇到的挑战。这种自我反思不仅能够帮助学生更清晰地认识自己的学习目标，还能增强他们的自主学习能力。学生在反馈中表达的困惑和期望，往往能为教师提供改进教学策略的灵感和方向。

数据驱动的评估方式使得教学效果的评价更加科学和客观。教育者可以通过分析反馈数据，发现共性问题并制定相应的解决方案。这种基于证据的决策过程，不仅提升了教学的透明度，还能增强学生对教学质量的信任感。教师在不断地根据学生反馈进行调整时，能够创造一个积极的学习环境，使学生更愿意投入学习中。

五、专家引导与资源拓展

邀请各领域的专家进行在线讲座和互动交流，为学生提供了拓宽视野的宝贵机会。这种形式不仅能够引入最新的研究成果和实践经验，还能帮助学生接触到多元化的观点，深化对价值观的理解，培养更加开放和包容的思维方式。无论是社会科学、自然科学还是人文艺术领域，专家们的独特见解和经验分享都能激发学生的兴趣。例如，社会学家讲述的社会变迁与价值观念的关系，或者心理学家讨论的道德决策过程，都能让学生更深入地思考自己的价值观。

在这些互动中，学生可以提出自己的问题，分享个人见解，甚至质疑专家的观点。当学生能够向专业人士直接询问、讨论时，他们的思维不仅得到了拓展，认知水平也随之提高。这种互动不仅使学生感到自己的声音被重视，还培养了他们的自信心。通过与各领域专家的合作，教师能够获取最新的教育理念和实践案例，从而不断优化自己的教学方法。这种资源的拓展不仅有助于教师专业发展的提升，也能使课程内容更加丰富和多样化。教师在课堂中引用专家的观点和案例，能够增强课程的权威性和说服力，帮助学生更好地理解复杂的价值观念。

通过专家的引导，学生能够接触到更广泛的社会和文化背景。这种多元化的视角使得学生在思考价值观时，能够更全面地考虑不同的社会现实和人文情境。当学生了解不同文化和社会背景下的价值观时，他们的思维将更加开放，容易接受并尊重他人的观点。这种开放性对未来的社会交往和职业发展都将产生积极的影响。

第四章 新媒体时代高校价值观教育内容体系创新

新媒体时代价值观教育创新体系首先应从内容着手。价值观教育内容即一定社会为了实现其根本任务和目标，在价值观教育的过程中以一定的方式和手段对受教育者传递的价值观念、道德规范等。结合新媒体时代所处的历史现状加以总结和概括，不明确价值观教育的内容，不关注新媒体时代社会主义核心价值观在内容上的内在关联，就无法找到推进新媒体时代高校价值观教育的现实路径。

第一节 新媒体环境下高校价值观教育内容体系创新的依据

价值观教育是追求人的整合发展，在追求人的自由全面发展的过程中发挥着重要的作用。思想高校价值观教育是以社会主义核心价值观为引领，其包含着丰富的内容，这一内容构成了完整的价值观教育内容体系，直接关系着高校价值观教育有效性的实现。新媒体时代，在价值观教育内容的问题中有诸多需要解决的实践的问题，在新媒体时代背景下，对高校价值观教育内容结构进行研究与优化，更有助于发挥价值观的育人功能，满足整合人发展的需要，站稳价值观教育的"育人"阵地。

一、理论依据

新媒体时代改变了人的存在方式，改变了高校价值观教育的背景，革命了价值观教育的方式与方法，也对价值观教育提出了新的要求。在新媒体时代下，价值观教育的内容要不断地优化，与时俱进。马克思主义系统结构理论指出，宇宙间的万事万物都是相互联系、相互影响、相互作用的,"当我们深思熟虑地考察自然界或者人类历史或我们自己的精神活动的时候,首先呈现在我们眼的,是一幅由种种联系和相互作用无穷无尽地交织起来的画面,其中没有任何东西是不动的和不变的,而是一切都在运动、变化、生成和消逝。"①② 马克思指出,物质结构是具有不同层次的,能达到无限大或无限小。这要求我们要看待事物的过程中要联系和发展的观点。在高校价值观教育的过程中,要将价值观教育的内容的各个组成部分分析透彻,同时也要从系统与整体的眼光来看观察事物,才能发挥其整体的功能。同时,在教育的过程中对价值观教育的内容体系进行科学的分层,以搭建合理的价值观教育内容体系。同时,马克思指出,社会存在决定社会意识,价值观作为人的社会意识,是由社会存在所决定的。在价值观教育实践的过程中,不同的教育内容会对意识产生不同的影响,并形成不同的意识。在价值观教育实践过程中,要优化教育内容,做到教育内容科学地"供给",才能有效地提升价值观教育的有效性。

二、实践依据

新媒体时代,改变了现实生活中的传播环境,也改变了高校教育的环境,无论是在宏观的还是微观的改变,都促使了价值观教育发生了新的变化。就宏观环境而言,随着各国文化交流频繁、价值多元下各种思潮不断地碰撞,价值观教育的内容也随着多元价值的环境变得越来越复杂。于国内而言,价值观越来越渗透到人的生活的各个方面,价值观教育遭遇着前所未有的挑战。同时,新媒体带来了科技的发展,传播力不断扩张,价值观教育的内容也面临着不确定性和复杂性。新时代价值观教育要勇于面对新媒体带来的各种问题,不断地突破原来的传统的内容框架,促进价值观教育内容体系的丰富和创新。我国价值观教育目前已经形成了相对成熟的内容体系,但面临新问题,在内容体系中依然有一部分问题不能适应新情况的出现,这也是导致价值观教育有效性乏力的重要原因。如价值

---

① 张敏. 传播学视域下新媒体在高校学生工作中的教育实践探赜 [J]. 江苏高教, 2022, (10): 102-106.

② 马克思恩格斯选集(第3卷). 北京: 人民出版社, 1995: 359.

观教育重政治主导，轻个人的情感体验，背离了活生生个体的感受。由政治主导为内容的价值观教育，重点突出了价值观教育的社会本位，注重价值观教育的社会政治价值，无可否认，这样的教育内容在我国过去革命、建设、改革期间有着重要的作用。但随着新情况的出现，虽然政治性是人的社会性的重要组成部分，但过分地强调政治性而忽视了人的自然性和精神性无法实现价值观的有效性。"新媒体时代思想政治教育创新体系的建构首先应从内容创新着手，在教育内容的选取上一方面应考虑思想政治教育的特殊属性，另一方面应结合新媒体时代的特殊要求"①。价值观的形成虽然有内外的原因，但归根到底要与人的心理层面的接受和认可为依据。背离了人的需要的价值观教育内容，注重的是不生动的、没有活力的。正如爱因斯坦指出的，只能成为下个"有用的武器"，而不是成了一个"和谐发展的人"②。同时，价值观教育的内容过于理想化，脱离了现实生活的根基。新媒体时代使大学生的价值观念和生存方式发生了巨大的变化，而价值观教育是一定的价值原则和价值规范来表达的，抽象的内容无法对现实的生活作出合理的回应和解释，脱离了现实生活的根基，缺乏了应有说服力，严重影响了价值观教育的实效。最后，在实践中，重统一性和规范性的内容，忽视了教育对象的层次性和差异性，淡漠了不同价值文化间的交流与对话，导致学生对价值观教育内容排斥，产生理解的偏差，最终逃避价值观。新媒体时代高校价值观教育内容体系的优化，需要以跨界的思维为起点，要以更加兼容开放的视角以及更为坚定的爱国主义面临多元文化和多元价值观的影响，以博大的胸怀和对自然及人类社会的热爱彰显人文关系。

第二节 新媒体环境下高校价值观教育内容体系创新的原则

新媒体事实上形成一个海量的数据库，数据量巨大，同时处于开放与共享的情境下，对传统的价值观教育内容有一定的冲击。新媒体背景下，如何将传统的

---

① 邹慧.新媒体时代思想政治教育创新研究［D］.武汉理工大学，2018.
② 爱因斯坦文集（第3卷）.北京：商务印书馆，1979：310.

价值观内容与新时代的教育内容进行结合和重组,他们之间的结合与重组要遵循什么样的原则,是新媒体环境下高校价值观教育内容体系创新需要把握的一个重点。恩格斯指出:"一个民族想要站在科学的最高峰,就一刻都不能没有理论思维。"① 新媒体时代的到来,标志着思想观念多元化与利益诉求多样化的显著特征。在这一时代背景下,新媒体以其独特的优势,为多元思想观念的展现与多样利益诉求的表达构筑了极为便利的平台,极大地促进了社会信息的交流与思想的碰撞。

一、整体与部分相协调原则

马克思主义辩证法指出,事物的发展是联系中的发展,事物的联系是发展中的联系,"部分和整体在有机自然界中已经是不够用的范畴了。"② 价值观教育内容体系,这一宏大的系统,由错综复杂的多个元素交织而成。这些元素在体系内既各自独立,又紧密相依,共同绘制出一幅完整的价值观教育蓝图。理解这一体系的精髓,关键在于把握整体与部分之间那微妙而关键的平衡。顶层设计,作为这一体系的灵魂所在,其重要性不言而喻。它如同一座灯塔,为整个体系指明了方向,确保所有元素都能在正确的轨道上前行。然而,在实际操作中,顶层设计与各个部分的实施之间,往往会出现一定的时间差或配合上的不和谐。这种不同步性和不协调性,如同一股暗流,可能悄然影响价值观教育内容的顺利推进。"网络信息技术兴起后,社会资源、社会权力、社会地位不再以'家庭中心''领袖权威''裙带关系'等制度与形式来分配,而是自然流向能代表现代科技来占领社会财富与社会地位的优势,而不是像过去那样依靠世袭传承、裙带传承,如此一来,社会资源分配方式的改变,必然推动传统社会结构与组织形式的变革与更"③。因此,要推动价值观教育内容体系的创新发展,就必须始终坚持整体与部分相协调的原则,确保每一部分都能与整体保持高度的默契与一致。特别是在新媒体技术日新月异的今天,高校价值观教育的内容结构也面临着新的挑

---

① 马克思恩格斯文集(第9卷)[M]. 北京:人民出版社,2009:437.
② 马克思,恩格斯. 马克思恩格斯文集(第9卷)[M]. 北京:人民出版社,2009:474.
③ 杨立英,曾盛聪. 全球化、网络化境遇与社会主义意识形态建设研究[M]. 北京:人民出版社,2006:62.

战与机遇。我们不仅要对传统的思想教育、政治教育、道德教育等内容进行深入的整合与优化,更要敏锐地捕捉到时代的需求,将心理健康教育、情感教育等新兴领域纳入其中,使这些新兴内容与传统内容相互融合,共同构成一个更加丰富、多元、立体的价值观教育内容体系。社会主义核心价值观,作为我国社会的主导思想观念,深刻凝聚了全体中国人民共同的价值追求与思想精髓,是新媒体时代背景下价值观教育领域不可或缺的关键组成部分。同时,我们还要注重这些内容的内在逻辑性和系统性,确保它们能够在体系中发挥最大的效用,为培养具有高尚品德和正确价值观的优秀人才贡献力量。

二、统一与个性相协调原则

在进行价值观教育的实践中,我们遭遇了教育内容方面的多重挑战,包括过度政治化、知识化、生活化等问题,这些倾向显著削弱了价值观教育的实效性。因此,在推进价值观教育内容创新的过程中,我们必须保持严谨和理性的态度,确保教育内容的双重属性——既展现统一性,又考虑个体差异性。具体来说,我们首先应坚定地遵循社会主义核心价值观的指导,确保教育内容的根本方向与核心价值保持一致。马克思指出:"如果从观念上来考察,那么一定的意识形态的解体足以使整个时代覆灭"[①]。毛泽东也指出:"凡是要推翻一个政权,总是先造成舆论,总要先做意识形态方面工作"[②]。同时,我们还需要充分考虑不同群体或个体的特征和需求,将先进性与普及性相结合,灵活调整教育内容以适应当地的社会文化背景和时代特征。以当前部分大学生所表现出的社会心态问题为例,我们应当积极融入心理健康教育、情感教育等相关内容,以更全面和深入地满足学生的成长需求,促进他们的全面发展。这样的调整不仅有助于提升价值观教育的针对性和实效性,还能更好地适应时代发展的要求和满足学生个性的需求。

三、传承性与时代性相耦合原则

当代中国正经历深刻的社会转型期,随着时代的演进与社会文明的持续进步,社会科学亦取得了显著发展,进而对个体的要求产生了新的变化。在此背景

[①] 马克思恩格斯文集(第8卷)[M].北京:人民出版社,2009:170.
[②] 中央文献研究室.建国以来毛泽东文稿(第10册)[M].北京:中央文献出版社,1996:194.

下，高校价值观教育的内容体系必须紧密契合时代脉搏，实现与时代的深度融合与同步发展，不断进行自我更新与完善。例如，铸牢民族共同体意识等教育内容，既承继了历史的精髓，又准确反映了时代发展的迫切需求，既保持了理论的连贯性，又凸显了现实的针对性。值得注意的是，价值观教育内容结构的优化是一个复杂而多维的过程，其受到众多因素的制约与影响，既包括社会经济、自然环境等外在条件的变迁，也涉及学生个体心理健康、高校师资队伍状况等内在因素的演变。因此，在推进价值观教育内容优化的过程中，必须全面考虑并妥善应对这些挑战。

最终，价值观教育内容的优化成效需在实践中接受检验。对于高校价值观教育内容的创新，我们应秉持谨慎负责的态度，避免盲目跟风或迎合潮流，以免教育沦为试验的牺牲品，进而引发价值观教育有效性的危机。

第三节 新媒体环境下高校价值观教育内容体系创新的要求

新媒体环境下高校价值观教育的内容结构的创新不是抛弃传统，否过过去，标新立异，而是在继续和弘扬基础上，结合时代的特征与时代的需要，为教育内容注入更能够契合时代发展的内容。要全面考察新媒体对价值观教育的影响，分析新媒体对价值观教育的利弊，在整体推进的基础上，根据一定的原则对教育内容进行优化。新媒体环境下高校价值观教育内容体系创新，以价值观教育的目标和任务的实现为根本的标准，做到内容的要素结构与层次结构相协调的要求，一方面要体现内容结构的完整性，同时又要体现内容结构的序列性，在具体的内容创新中既要服务于和谐社会发展的需要，同时也要贴近学生的需要和需要，做到整体优化。

一、理论性与实践性相统一

价值观教育承担着双重的任务，一是构建和谐社会，二是个人的发展。作为承担着构建和谐社会的功能的价值观教育，要基于一定的权威理论的基础上。但若因权威削弱的价值观教育影响力，价值观教育的内容不能被学生所接受，那相应的内容无法在学生心理过程中产生内化认同，更无谈实现外化践行。因此，价值观教育一方面要贴近社会现实，要深入研究与现实相适应的价值观教育内容，从实际出发，坚持与时代同步，与学生同步，紧紧抓客观运动着的物质世界的规律性与特征，抓住价值观教育内容与时俱进的要求，才能使价值观教育入脑入心，更有针对性地达成学生积极地接受和认同教育的内容，正如马克思指出的："理论只要彻底，就能说服人。所谓彻底，就是抓住事物的根本"①。只有这样，才能激发学生的价值观学习的热情，用正确的眼光看待社会发展过程中的一些社会问题，并能用辩证的观点来看待和解决这些问题。同时，价值观教育要结合学生的相关专业内容。在以往的价值观教育发生的知识化倾向，将价值观教育与知识教育等同起来，用知识教育的逻辑和方法进行价值观教育，使价值观教育处于知识教育的弱势地位。在新媒体背景下，新媒体中所形成的海量的数据库，这些数据与学生的专业息息相关。新媒体高校进行价值观教育要密切地与学生相关的专业背景联系，促进价值观教育与相关的专业教育融合统一，帮助学生在专业选择、学习素养的提升过程中树立正确的价值观。最后，要贴近学生的生活现实。马克思指出，环境对人发展十分重要，人所处的时代、环境都与人自身是息息相关的。新媒体时代的大学生，其获得信息的渠道是全方位的，任何脱离了大学生生活现实的教育内容都被否定、排斥和远离。因此，高校价值观教育要以社会主义核心价值观为引导，同时要加入对学生身心健康有益的内容，让大学生从被动接受到主动内化，提升价值观教育"魅力"和"吸引力"。如面向双创时代，可以引入创新创业内容，帮助大学生更好地认识创新创业，使他们在实际当中获得更多有用的内容信息，更好地引导大学生的价值观形成。

二、一元性和多样性相统一

新媒体时代，价值观教育的内容是多类型、多向度和多层次的。价值观教育内容的全面性，体现在人与社会全面发展的整体联系中。价值观教育同时具有意识形态属性，在价值观教育的内容中，必须坚持社会主义核心价值观为根本，"意识形态是在一定历史条件下，占统治地位的阶级或集团为维护和发展其统治

---

① 马克思恩格斯选集（第1卷）[M]. 北京：人民出版社，2012：9-10.

而建构的价值观念体系和行为规范体系。它是对各种社会意识形式的总体性提炼和概括，在该社会精神生活领域占统治地位。"① 让社会主义核心价值观成为价值观教育的主导作用因素，决定着价值观教育的内容体系。同时，人的发展具有多元性，在坚持一元性的基础上，价值观教育要体现人的素质的多维性、丰富性和整体性。将心理健康教育、道德教育等内容成为价值观教育的组成部分。因此，价值观教育内容的创新要坚持在社会主义核心价值观的引领下，从人与社会、人与自然与人与自己人与自然的关系当中确定与人的发展需要的各种教育内容，坚持一元性与多样性协调发展，提升价值观教育内容的整体与系统性。

三、社会价值与个体价值相统一

价值观教育具有阶级属性。价值观教育的目标是由统治阶段不同的中心任务而确定的。价值观教育一方面要实现社会政治价值，发挥其以达成价值共识构建和谐社会的重要功能，同时也要关注学生的兴趣、爱好、理想、个性和情感，在教育的过程中充分发挥大学生的主体性和创造性，关注学生的精神层面的满足。"对思想政治教育对象——人缺乏系统的理论思考，对人的存在、本质和发展规律缺乏深刻地把握，制约着思想政治教育的理论形态和实践状况的发展，影响着价值观教育理论的具体的教育行为。"② 随着时代的发展，人的主体也新媒体背景下也呈现出新的特质，高校价值观教育不仅仅要关注其外在的政治价值，同时也要关注个体内在价值，在教育内容中要契合学生的各种需要，使学生亲近所传递的教育内容，从而实现教育内容的内化和外化，提升价值观教育的有效性。

第四节 新媒体时代高校价值观教育内容体系创新的结构设计

新媒体呈现出的新境遇和新情况，需要在理论、实践的指导下，对教育的内容进行调整，最大程度地优化价值观教育的内容，实现价值观教育内容体系的创

---

① 陈秉公.马克思主义意识形态理论与社会主义核心价值体系建构[J].马克思主义研究，2008(3).

② 潘玉腾.论思想政治教育的马克思人学基础[D].福建师范大学，2008：1-2.

新发展。

一、以社会主义核心价值观为指导，坚定价值观教育的核心内容

社会主义核心价值观是价值观教育的主流与主线，新媒体环境下价值观教育，要坚持社会主义核心价值观内容的"一元"性，突出价值观教育的主导性内容。高校价值观教育是一个内容丰富的教育体系，而社会主义核心价值观教育居主导地位，起着决定和支配的作用。面对复杂的国际国内形势，价值观教育的主要任务是以社会主义核心价值观凝聚力量，增强国家归属感和社会责任感。对社会主义提供什么样的价值观、达成什么样的价值共识等问题站稳政治立场。要通过开展扎实有效的社会主义核心价值观教育，使大学生正确认识人与国家、人与社会、人与自身的关系，认识国家的前途命运，认识自己的社会责任，确立在中国共产党领导下走中国特色社会主义道路。积极引导大学生不断追求价值理想，树立共产主义远大理想。

新媒体环境下进行价值观教育，主要是以社会主义核心价值观为主导，以社会主义核心价值观统领和融入大学生的价值观教育。社会主义核心价值观是当代社会最基本的价值取向、行为准则和道德规范，是正确的世界观、人生观、道德观的集体体现。社会主义核心价值观能够引导学生形成正确的价值评价，产生正确的价值激励，满足正确的自我需要，实现自身的全面发展。高校价值观教育要坚持社会主义核心价值观教育从根本导向，积极推进社会主义核心价值观进校园、进教材、进课堂，贯彻到学校教育的方方面面中。同时，要将社会主义核心价值观与人的全面发展结合起来，广泛开展爱国主义、集体主义等教育，通过社会主义核心价值观，使大学生能够明辨是非、分清美丑，不断增强社会责任意识，正确处理个人与国家、集体和社会之间的利益关系。

二、弘扬中国传统优秀文化，奠定价值观教育内容的文化精神根基

新媒体时代是一个信息膨胀的时代，新媒体的快速发展，使传统的人伦关系和人际道德面临着十分严重的境况。就文化层面而言，在多元文化共存的发展大趋势下，中国传统优秀文化和革命文化的生存与发展受到不同程度的挑战，从而对价值观的文化根基带来了挑战与冲击。马克思指出："人们自己创造自己的历

史,但是他们并不是随心所欲地创造、并不是在他们自己选定的条件下创造,而是在直接碰到的、既定的、从过去继承下来的条件下创造的。"① 新媒体背景下优化高校价值观教育的内容,必须大力继承和弘扬中国传统文化,正确地借鉴和吸收世界文化,赋予价值观教育内容以中国民族文化底蕴,使大学生特立独行的民族精神。在高校的价值观教育中,传统文化的核心价值提炼至关重要。传统文化蕴含着丰富的道德理念和社会规范,这些价值观不仅塑造了中华民族的精神面貌,也为现代社会的发展提供了坚实的文化基础。诚信是传统文化中最为重要的核心价值之一。诚信不仅是个人道德修养的体现,更是社会信任和谐的基础。古人云:"人无信不立",这句话深刻地反映了诚信在社会交往中的重要性。在教育中强调诚信,可以帮助学生树立正确的价值观,认识到在任何情况下保持诚信都是对自己和他人负责的表现。尊重不仅体现在对他人的态度上,还包括对知识、传统和文化的敬畏。尊重他人能够促进和谐的人际关系,而尊重文化则能增强学生对自身文化的认同感。通过传承和弘扬尊重的理念,高校可以帮助学生培养包容的心态,使他们在多元化的社会中能够与不同背景的人和谐共处。和谐不仅体现在人与人之间的关系上,也涉及人与自然之间的相处。通过强调和谐的理念,高校能够引导学生认识到社会的稳定和发展离不开和谐的氛围。这种和谐观念可以帮助学生理解团队合作的重要性,从而更好地适应现代社会的需要。尤其在当前全球化的背景下,倡导和谐的价值观将有助于推动文化的交流与融合。家国情怀作为传统文化的重要组成部分,强调个体对家庭和社会的责任。教育者可以通过传授相关的历史典故和文化故事,引导学生树立对家庭的责任感与对社会的参与意识。这种价值观不仅促进了学生的个人成长,也为社会的稳定与发展注入了积极的动力。

在提炼传统文化核心价值的过程中,教育者应结合现代社会的实际情况,进行适当的创新与转化。例如,诚信的价值在当今数字化时代变得更加重要,网络环境中的诚信问题愈发凸显。教育者可以通过讨论网络道德、信息安全等话题,引导学生在新媒体环境中践行诚信,从而实现传统价值观与现代科技的有效结

---

① 马克思恩格斯选集(第1卷). 北京: 人民出版社, 1995: 585.

合。在全球化加速发展的今天，各种文化交融碰撞，尊重不同文化的差异变得尤为重要。高校可以通过举办文化交流活动，鼓励学生学习和欣赏其他文化，进而深化对自身文化的理解。这种多元文化的尊重教育，不仅提升了学生的全球视野，也为构建和谐社会奠定了基础。

三、以回归生活世界为关键，提升价值观教育内容的接受和认同

新媒体环境下，改变了大学生的生存环境，他们能够更快速地接受社会热点问题，在新媒体平台中，各种信息都能够快速、便捷地进入到大学生的生活当中。因此，回归生活世界是新媒体环境下价值观教育有效性提出的新命题。作为"精神之教"的价值观教育，只要联系生活、回归生活、融入生活、指导生活、改善生活，才能更具有活力与生命力，才能更容易地被大学生接受，进而能够更容易地转化为大学生的自觉行动。因此，新媒体背景下，大学生价值观教育的内容要更贴近生活，有效地推动价值观教育"回归生活世界"。价值观教育回归生活世界，要以日常生活为中心，围绕生活，把生活作为价值观教育的出发点和归宿，使价值观教育有效地融入大学生的日常学习与生活之中，使他们能够在积极健康的生活环境的熏陶与感觉之中，内化价值观教玄月的目标，体悟价值观的价值取向，从而能够自觉地践行社会主流的价值准则①。

回归生活世界的价值观教育的内容包括以下三个方面：第一，要关注人的现实生活诉求。现实生活是社会观念和价值理念的有机基础，离开物质生产和现实生活来谈论人的价值理想和幸福生活是毫无意义的。恩格斯指出："追求幸福的欲望只有极微小的一部分可以靠观念上的权利来满足，绝大部分靠物质的手段来实现"②。利益是人类社会生活最基本的问题，是人类社会生活中不可缺少的基本追求，人是在追求一定的利益中展开一定的社会生活实践活动，价值观教育回归生活世界，就要不断地翻译生产力活动，同时对利益做出重要的调整与分析，保障多元利益的实现途径。切实地关注人的现实生活，以公平正义的价值观引领完善各种分配制度。价值观教育要回归生活世界，就注重分析思想背后的动机和

---

① 刘艺：《大学生社会主义核心价值观教育生活化路径研究》，《宁夏教育》2015 年第 11 期。
② 《马克思恩格斯文集》第 4 卷，人民出版社 2009 年版，第 293 页。

现实生活的利益诉求，做到以小见大，对违背公平正义的宣传舆论要进行针对性应对和有效性的回应，并进行有力的价值引导。第二、回归现实生活，就要巩固价值理想。价值观教育是使学生能够追求一种理想生活的实践教育活动，教育生活作为一种现实生活，其面对的是现实的个人与社会之间的关系。教育不仅仅要强调教育面对生活的"适应性"，同时也要"照料人的心魄"，使人的精神境界能够提升，以一种精神性的方式追求理想生活。在新媒体时代下，价值观教育的内容倾向于提供学生一种更能适应社会的精神指导，但同时，作为一种教育，价值观教育不仅仅停留在如何使人更好地适应社会，而是能够促进人更好地生存和生活，通过追求更高层次的精神生活，把精神生活转变为现实生活。第三、价值观教育回归生活世界，要以利益共识推动价值共识。新媒体环境下，多元价值并存，人与人之间由于存在"价值前见"，价值观教育的困难就在于如何跨越"价值前见"达成"价值共识"。回归生活世界的价值观教育，既要重视人物质，同时也要注重人的精神利益需要，在多元利益中寻求价值共识。价值观教育要回归生活世界，就要以利益为切入点，以价值认同为归宿点，引领人追求和构建理想的生活。

第五章 新媒体时代高校价值观教育的模式创新

新媒体时代高校价值观教育的创新，就是要寻找确立新媒体与价值观教育相适应的契合点，在发扬新媒体的优点、规避新媒体的缺点的基础上构建价值观教育的实践模式。价值观教育的研究与实践导向蕴含着对现实问题的不断追求，新媒体时代高校价值观教育的创新同时也要面对价值观教育的问题是不断发问和不断应答的过程中发生的，在新媒体环境下价值观教育创新，要树立问题意识，构建基于问题意识的价值观教育模式，保证学生价值观学习的成效。

第一节　互动式教学模式在高校价值观教育中的应用创新

新媒体技术的发展，使价值观教育由传统的灌输式教育形式向现代互动式教育方式的转变，要求教要积极开发应用讨论式、案例式、参与式、体验式等教学方式，使学生在主动参加的过程中形成提升能力、形成正确的价值观念，实现从"漫灌到滴灌"① 的转变。

一、互动式教学模式的含义

互动式教学模式是一种强调师生之间、学生与学生之间积极交流与合作的教学方法。在这一模式中，教师不仅是知识的传授者，更是引导者与参与者，鼓励学生通过讨论、实践和反馈来深入理解学习内容。此模式旨在提升学生的主动性

---

① 胡宝国，胡兵．构建"形势与政策"课闭环互动式教学模式探索——以华东理工大学"形势与政策"课教学改革为例 [J] ．思想理论教育，2018，(02)：62-65.

和参与感,使学习过程更具趣味性和实效性,从而促进学生的全面发展与价值观的形成。通过互动,学生能够更好地吸收和内化所学知识。

二、互动式教学模式在高校价值观教育中的应用策略

互动式教学模式是新媒体技术下发展的必须,由于新媒体使师生、生生关系处于平等的地位,在学生的过程中由单向传递转向了互动交流,这样的转变同时也促使了新的教学模式的出现。

(一)增强学生参与感

通过小组讨论的形式,学生不仅能自由表达自己的观点,还能够倾听同伴的意见,形成对价值观的多维理解。学生的认同感得到了有效提升,因为他们意识到自己的声音和想法被重视,这种参与感促进了对价值观教育的深入思考。角色扮演作为一种有效的教学活动,使学生能够在模拟的社会情境中体验不同的角色与立场。这种方式不仅激发了学生的兴趣,还让他们在实践中理解价值观的复杂性与多样性。在角色扮演过程中,学生需要思考角色的行为动机和价值观,从而深化对相关社会问题的理解。这样的体验式学习能够加深学生对价值观的认同,帮助他们在未来的社会生活中更好地应用所学知识。教师在设计互动活动时,应注重创造一个安全的环境,让学生自由表达观点,而不必担心受到批评。这样一来,学生更容易参与讨论,勇于分享自己的看法,在民主和谐的教师氛围中更好地实现价值观引导。"在民主平等和谐的新型师生关系基础上,才能营造出安全宽松的心理氛围、自由平等包容的民主氛围、畅所欲言的交流氛围、自主合作的学习氛围、反思批判质疑的思维氛围、跃跃欲试的活动氛围、以情育人的情感氛围等教育氛围,学生才能主动表现、思维活跃、共同参与、相互配合、齐心协力、教学相长,实现良性互动参与。"[1] 在这种氛围中,师生之间的信任关系得以建立,进一步促进了学生的积极参与。教师应灵活运用提问技巧,引导学生深入思考,激发他们的兴趣,使讨论更加生动和有趣。在讨论的过程中,教师可以引入当前社会热点或实际案例,帮助学生将理论与实践相结合。这种结合不仅提

---

[1] 王为民,俞宏胜.互动式教学模式探析[J].思想政治课教学,2015,(11):16-19.

高了教学的现实意义,还使学生更能感受到价值观教育与自身生活的联系。通过分析真实案例,学生可以更加直观地理解价值观的影响力,增强其参与感和学习动机。

小组讨论的多样化形式也为学生提供了丰富的交流平台。比如,可以采用"鱼缸"讨论法,让部分学生在内圈发言,其他学生在外圈观察并进行反思。这种方法可以促进更深入思考和交流,让每位学生都有机会参与其中,从而增强其对讨论内容的理解和兴趣。在课堂活动中,鼓励学生提出问题是提升参与感的另一个有效策略。通过设置问题引导,教师可以激发学生的好奇心和探索欲望。问题的多样性和开放性有助于学生进行更广泛的讨论,从而深化对价值观教育的理解。这种互动不仅使学生的思维更加活跃,也使他们在知识的探索过程中形成独立的见解。随着技术的发展,线上互动平台的使用也为学生参与提供了新的可能性。通过线上论坛、社交媒体等平台,学生可以在课外继续讨论和交流,扩展课堂学习的深度与广度。这种方式不仅打破了时间和空间的限制,还能让那些在课堂上比较内向的学生有机会表达自己的观点,从而增强他们的参与感。

(二)激发学生学习兴趣

价值观教育是基于一定的认识的基础上发生的,教师在教学中的初始阶段就是在对于学习兴趣的激发和求知欲的调动。面对信息传播方式的转变,教师在教学的过程中不仅仅是知识的传授,同时也要激活学习的学习兴趣。教师在交互式的学习模式中,在进行讲解相关的理论概念时,能够通过新媒体呈现的信息和内容进行,如学生感兴趣的社会热点问题、焦点问题等,"学生所要认识和表达的是问题的本质,既符合人的认知规律,又能以此为有效载体培养学生的学习能力"[1]。同时学生能够及时地对他所感兴趣的问题进行提问和反馈,使教师能够更及时地捕捉学生的信息。同时,交互式的教学方式有助于更便捷地组织学生进行讨论,教师能够利用在线讨论等方式引发学生对社会问题的独立思考和积极辩证。同时,对教师所提出的问题与观点,学生能够进行及时地评价和反馈,使学生具有表达自己的机会,更能激发学生的学习兴趣。

---

[1] 王为民,俞宏胜.互动式教学模式探析[J].思想政治课教学,2015,(11):16-19.

(三) 建立双向互动的反馈机制

建立反馈机制是提升互动式教学效果的重要环节，通过定期的问卷调查和课堂反馈，教师可以获得学生对教学内容和形式的真实看法，从而不断优化教学策略，提升价值观教育的质量。教师可以设计涵盖教学内容、教学方式和学习体验的问卷，让学生匿名填写。这种方式鼓励学生真实表达自己的感受与想法，避免了面对面反馈时可能出现的压力与顾虑。通过分析问卷结果，教师能够识别出教学中的优缺点，明确学生最感兴趣的内容和最需要改进的地方。这一过程不仅有助于教师调整教学策略，也让学生感受到自己的意见被重视，从而增强参与感和责任感。

在每节课结束时，教师可以进行简短的反馈环节，例如利用"3-2-1"法，即学生总结三点所学、提出两点疑问并分享一点感受。这样的活动不仅能帮助学生整理所学知识，还能让教师及时了解学生对教学内容的理解和反应。通过这一方式，教师可以迅速调整后续的教学计划，确保每个学生都能跟上进度并参与其中。教师应鼓励学生在课后或课外通过邮件、讨论区等方式反馈意见。这种方式不仅为学生提供了一个表达想法的平台，也为教师提供了更为详尽的反馈信息。教师在回应学生的反馈时，应采取积极的态度，展示出对学生意见的重视，这将进一步增强师生之间的信任关系和沟通效果。

除了传统的反馈方式，利用现代科技手段也是建立反馈机制的一个有效途径。在线教学平台和应用程序可以实现即时反馈功能，学生可以随时对课堂内容进行评分或评价。这种即时反馈不仅提高了教师对课堂情况的掌握，也让学生在学习过程中更加主动，"对师生大数据进行多维分析与挖掘，准确把握其知识结构、思维特点、现实需求、立场观点等，根据不同对象定制层次化教育目标、打造有效教育供给"[1]。此外，教师可以根据在线平台的数据分析，了解哪些教学方法最受欢迎，哪些内容需要进一步强化，从而进行及时调整。定期组织教师团队讨论反馈结果，共同探讨改进方案，形成教学策略的闭环。教师不仅能够实现

---

[1] 徐小强. 数字时代思想政治教育创新发展探究 [J]. 学校党建与思想教育, 2024, (16): 63-65.

自我反思与提升，也能促进团队合作与专业发展。这种集体智慧的碰撞，有助于形成更为科学有效的教学策略，更好地满足学生的学习需求。

无论是正面的还是负面的反馈，都应被视为改进的机会。教师可以在课堂上分享一些反馈案例，展示如何根据学生的意见进行调整和改进。这种透明的沟通过程不仅能增强学生的信任感，也能够激励他们更加积极地参与到反馈中来。通过建立反馈机制，教师能够不断优化互动式教学模式，提高价值观教育的实效性。反馈不仅是了解学生需求的重要工具，更是提升教学质量的有效途径。通过充分利用学生的反馈，教师能够形成更加丰富多元的教学策略，促进学生的全面发展和价值观的深入理解。学生不仅是学习的参与者，更是教学的共同创造者，推动了教育质量的不断提升。

(四) 营造良好的教学氛围

新媒体背景下的交互式教育模式，打破了教育者和受教者固定的地位，变被动式的教育为互动式教育。在教育的过程中，双方的教育地位更趋向于平等，教育者要尊重受教育主体的主体性，在更平等的环境中共同面对问题。同时，互动的教学模式能够使学生在更加平等的环境中共同面对问题，教育者的意识能够充分地调动起来。教师可以设计小组活动，让学生针对特定案例进行讨论和分析。在小组中，学生可以分享自己的见解，提出问题，并共同寻找解决方案。例如，在讨论某一公共政策的实施效果时，学生需要考虑政策的受益者和受害者，评估其对社会的整体影响。这种多维度的分析过程能够帮助学生意识到价值观判断的复杂性，培养出更加全面和理性的思维方式。在交互式的教育模式下，教学的氛围更加融洽，教师不再是知识的灌输者，而是知识和价值的引导者。与传统的价值观教育模式相比，互动的教学模式使师生间有了更多的沟通和交流，教育者要通过启发和入情入理引导学生，使之形成正确的价值观念。

第二节 项目式学习模式与高校价值观教育的融合创新

项目式学习模式是在新媒体技术发展下发展起来的学习模式。价值观教育不仅仅教师的"教",更学生如何"学",项目式学习模式能够将教师的"教"转化为学习的"学",充分地发挥学生的学习主观能动性和主动意识,提升价值观教育的有效性。

一、项目式学习的含义

项目式学习,作为一种秉持学生核心地位的教育范式,其核心在于依托具体项目来驱动学习进程。在此模式下,学生需历经探索、协作及真实问题解决等多重环节,以主动姿态汲取知识与技能。此学习方式不仅致力于激发创新思维与实践能力的培育,还高度强调跨学科的融合与渗透,旨在使学生能在复杂多变的情境中灵活运用所学知识,进而促进其批判性思维与团队协作精神的塑造。"项目式学习打破了传统的界限,把原来属于生活的主体与技能糅合在一起,让学生去尝试运用"[1]。项目式学习的实施,有效拉近了教育与生活的距离,显著提升了学生的学习动力与参与热情。

二、项目式学习与高校价值观教育的融合方式

项目式学习是将教师的"教"转为学习的"学"的重要方式,新媒体背景下进行价值观教育,要充分发挥项目式学习的功能,使学生能够更好地将所学的知识转化为问题的解决方式。

(一)以实践导向的学习方式

实践导向的学习方式是项目式学习的核心,旨在通过真实项目的参与来增强学生的学习体验。学生不仅被动接受知识,更是在实际操作中主动探索和应用所学内容。这种方式使学生能够在真实情境中面对复杂问题,从而更有效地掌握知识与技能。参与社会问题相关的项目能够帮助学生将理论知识与现实生活结合起来。通过针对具体的社会问题进行调研和解决,学生不仅能够了解问题的背景和现状,还能思考其中涉及的伦理和价值观。在《项目式学习-教师手册》一书中指出,项目式学习具有知识性、真实度、实践度、协作度、参与度感知度的这六

---

[1] 杨洁. 多元智力理论视野下的项目学习[D]. 上海:上海师范大学人文与传播学院,2004(8):23.

大特征,这六大特征的最终目的是指向深度学习①。在项目实施过程中,学生需要不断评估自己的进展和决策,思考哪些做法有效、哪些需要改进。这种自我反思不仅有助于提升项目的质量,也使学生在思考中重新审视自己的价值观。例如,在解决社区公共卫生问题时,学生可能会面临伦理困境,如何平衡个人隐私与公众健康。学生的决策将深刻影响他们对社会责任与道德判断的理解。项目式学习还鼓励学生在团队中协作,促进彼此之间的交流与学习。在小组合作中,学生需要倾听他人的意见,尊重不同的观点,并共同寻找最佳解决方案。这一过程不仅增强了学生的沟通能力和团队合作精神,还促进了对价值观的深入讨论。学生能够更好地理解多样化的价值观和观点,从而培养出更为全面的思维方式。

学生将面临许多挑战,需要运用批判性思维和创造力来寻找解决方案。这种问题导向的学习使学生能够在实践中锻炼应对复杂情况的能力,从而更好地适应未来的职业和社会生活。例如,在设计一个公益活动时,学生需要考虑如何有效传播信息、吸引参与者并评估活动的影响。这些能力不仅有助于他们在实际工作中取得成功,也为其价值观的形成提供了支持。通过实践导向的学习方式,学生的主动性和参与感得到了显著提升。在实际项目中,他们不仅是知识的接收者,更是学习的主导者和实践者。这种积极的学习态度能够激发学生的内在动机,使他们更加关注学习的意义和价值。实践中的体验和反思,将使学生在价值观教育中获得更加深刻认识。

(二)以跨学科整合为主要特征

跨学科的整合是项目式学习的一个重要特征,能够有效促进学生在不同知识领域之间建立联系。项目式学习鼓励学生将来自不同学科的知识进行整合。例如,在一个旨在改善社区交通的项目中,学生可能需要运用交通工程、社会学、经济学等多个学科的知识。通过这种跨学科的学习,学生能够从不同的视角分析问题,理解交通系统对社区发展的影响,以及改善交通可能带来的经济和社会效益。这种综合视角帮助学生认识到,单一学科的知识往往无法解决复杂的社会问

---

① 桑国元、叶碧欣、王翔著.《项目式学习:教师手册》[M].北京.北京师范大学出版社,2023:5.

题。项目式学习注重的是多种学科知识的自主项目，有的项目可能要用跨学科的知识，甚至是学校课程以外的知识，所以教师需要学习更多学科的知识和能力，去支撑项目式学习的顺利开展。在项目过程中，学生常常需要面对复杂的挑战，寻找解决方案时往往要结合多个学科的知识。这种跨领域的探索不仅提升了他们的思维灵活性，也增强了他们在面对未知问题时的适应能力。例如，学生可能需要结合生态学、社会学与经济学的知识，创新出既能保护环境又能满足经济需求的解决方案。这种创新能力的培养，有助于学生在未来的职业生涯中更好地应对复杂挑战，因此，"项目式学习对于培养学习的先进思维和深度学习具有积极的影响"[1]。

在项目式学习中，学生常常会接触到与社会和伦理相关的议题，这些议题需要多学科的知识进行综合分析。在解决如贫困、教育不平等或公共健康等社会问题时，学生通过跨学科的视角，可以更深刻地理解社会责任的多重维度。例如，在研究教育公平时，学生不仅需要分析教育政策，还应关注社会结构、经济因素及文化背景。这种全面的理解使学生认识到，解决社会问题往往需要综合考虑多方面的价值观与利益关系。通过参与涉及多个学科的项目，学生能够将课堂上学到的知识应用于实际问题中。这种实践体验不仅增强了他们的学习动机，也让他们意识到知识的实用性和重要性。学生在项目中所获得的跨学科能力，将为他们未来的学习和工作奠定坚实的基础，使他们能够更有效地应对日益复杂的社会环境。

（三）以团队合作沟通为关键环节

团队合作与沟通能力是项目式学习中的核心要素，学生在小组合作完成任务的过程中，不仅提高了自身的合作能力，还培养了有效的沟通技巧。这种合作方式为学生提供了一个共同学习的平台，使他们能够在交流中碰撞出思想的火花，促进了个人和集体的成长。项目式学习强调小组合作，使学生在实际操作中锻炼团队协作能力，鼓励学生在项目筹备、执行和总结过程中群体思想的碰撞、利用

---

[1] 蔡小瑛，蔡萧，刘徽. 项目式学习：一种风靡全球的创新学习方式[J]. 上海教育. 2020 (26): 28-33

合作使原本各自为营的学生从独立作战的竞争状态转向群策群力的合作关系，促使学生团队在项目化中达成相关任务的同时还能培养学生合作与创新精神，提高交往与沟通能力。① 团队合作要求学生明确分工，协调各自的任务与职责。这一过程不仅使每位成员的特长得以发挥，还促使他们学习如何相互支持与配合。例如，在一个环境保护项目中，学生可能需要进行市场调研、数据分析和宣传策划等不同任务。通过这种合作，学生能够认识到每个人在团队中的重要性，从而增强团队意识，理解协作的重要性。

学生在讨论项目进展、分享观点和解决问题时，需要清晰地表达自己的想法，同时也要倾听他人的意见。这种双向沟通不仅促进了信息的有效传递，还培养了学生的理解能力与同理心。例如，当团队成员对于项目方案存在分歧时，他们需要通过有效沟通找到共同点和解决方案。这样的过程能够帮助学生学会如何在尊重他人观点的基础上进行讨论，从而形成良好的团队氛围。此外，团队成员还需要共同面对挑战与困难。学生不仅能感受到团队合作的力量，也能体验到解决问题的乐趣。例如，当项目遇到瓶颈时，团队成员需要集思广益，集体讨论可能的解决方案。

在一个由不同专业、性别和文化背景的学生组成的团队中，成员们带来了各自独特的视角和经验。这种多样性不仅丰富了项目的研究内容，还促进了学生对不同价值观的理解与尊重。在讨论和解决问题的过程中，学生能够学习如何处理不同意见，尊重并理解他人的观点。这种能力对他们未来的社会交往和职业生涯都有着重要的影响。在小组项目中，常常会有学生自然担任领导角色，负责协调和引导团队工作。这种经历使他们学会如何制定目标、分配任务、解决冲突以及激励团队成员。与此同时，其他学生在合作中也意识到自己对团队成果的责任，培养出主动参与和承担责任的意识。这种责任感不仅适用于学术项目，还能延伸到他们未来的工作与社会生活中。项目式学习中的团队合作与沟通能力培养，还能为学生提供更广阔的职业发展空间。现代职场对团队协作和有效沟通的重视使得具备这些能力的毕业生更具竞争力。通过项目式学习，学生在实践中锻炼了这

---

① 覃霞. 高中思政课运用"项目式学习"研究 [D]. 贵州师范大学, 2024.

些技能，提升了自身的职业素养，使他们在未来的工作环境中更容易适应和成功。

(四) 以自主学习与反思为目标旨趣

自主学习与自我反思是项目式学习中不可或缺的组成部分，这一过程赋予学生选择权，使他们能够围绕个人兴趣和价值观进行深入研究。学生不仅是知识的接收者，更是知识的创造者和探索者，这种自主性显著提升了他们的学习动机与参与感。自主选择项目和研究方向使学生能够根据自己的兴趣进行深入探索，"真实的学习任务中如何蕴含学生们感兴趣的真实的驱动问题，学习因此更关心这些问题和答案"[①]。学生在选择与自身价值观相关的主题时，更容易投入热情。例如，一个对社会公正问题感兴趣的学生，可能会选择研究社区贫困问题的解决方案。通过这种选择，学生能够更深入地挖掘相关知识，了解不同解决方案的优缺点，并在实践中积极探索。这样的自主学习不仅提高了学生的学习兴趣，也让他们在探索中感受到个人价值与社会责任的紧密联系。

学生需要不断评估自己的选择与行为，思考哪些方法有效、哪些需要改进。这种反思不仅体现在项目进展的评估上，还包括对个人价值观的审视。例如，当学生发现某一解决方案并未取得预期效果时，他们需要反思是否选择了合适的方法，是否考虑了各方面的利益。这样的自我反思过程促使学生不断修正自己的思维方式，深化对相关价值观的理解。自主学习也鼓励学生在项目中设定个人目标，并追踪自己的进步。学生在开始项目时，可以制定明确的目标，明确想要达成的成果和学习的内容。随着项目的推进，他们可以定期检查自己的进展，并根据情况进行调整。这种自我管理的能力不仅有助于项目的成功实施，也为学生未来的学习和工作奠定了基础。学生逐渐学会了如何为自己的学习负责，培养了自律能力和时间管理技巧。

在探索和研究过程中，学生可能会接触到不同的观点和立场，这为他们提供了思考自己价值观的机会。例如，在讨论可持续发展时，学生可能会面临经济利

---

① [英]艾尔雷德.诺思.怀特海：《教育的目的》[M].张佳楠译.北京：教育科学出版社，2020：179.

益与环境保护之间的取舍。在这样的情况下,他们需要评估各自的选择,思考如何在个人利益与社会责任之间找到平衡。这种思考能够帮助学生更全面地理解复杂的社会问题,推动他们对自身价值观的内化与提升。通过自主学习和自我反思,学生不仅能够增强知识的掌握,更能深化对价值观的理解和认同。他们逐渐形成了批判性思维,学会从多角度审视问题。这种能力的提升使学生在未来的生活中,能够更加自信地面对各种挑战,做出更符合自身价值观的选择。

(五) 以提升社会化为根本立足点

与社会的连接是项目式学习的重要方面,通过与社区或企业的合作,学生能够将课堂学习与社会实际相结合。这种互动不仅使学生的学习更具现实意义,还能增强他们对社会问题的关注,从而培养出强烈的社会责任感和公民意识,正如杜威指出的:"在做事的过程中求学问比专靠听来的学问要好得多"[①]。项目式学习中与社区的合作能够让学生直接参与到社会实际问题的解决中。学生在社区中进行调研、数据收集或开展宣传活动,能够深入了解当地的需求与挑战。例如,在一个旨在改善社区环境的项目中,学生可能会与社区成员合作,开展垃圾分类和清理活动。这种实践经历使学生感受到自己在推动社会进步中的角色,增强了他们的责任感和使命感。

在企业项目中,学生可以参与市场调研、产品设计或社会责任项目的策划等。学生不仅学习到专业知识,还能够理解企业在社会中的责任和角色。例如,通过参与一个企业的可持续发展项目,学生能够分析企业的运营模式,探讨如何平衡经济效益与环境保护的关系。这样的经历帮助学生认识到商业决策对社会的深远影响,从而增强他们的社会责任感。在参与社区或企业项目的过程中,学生通常需要与不同背景的人合作,学习如何倾听他人的观点与需求。这种多样化的互动经历使学生能够更加理解社会中的不同声音,培养出宽容与包容的态度。通过这种交流,学生不仅能够认识到自己的价值观,也能尊重和理解他人的信仰与看法。

---

① [美] 杜威:《学校与社会·明日之学校》[M],赵祥麟等译.北京.人民教育出版社.1994:57-59. 23-125.

通过观察社会问题、分析不同利益相关者的立场，学生在解决实际问题的过程中，会不断反思自己的价值观。例如，在参与一个旨在推动社会福利的项目时，学生可能会面临道德困境，需要在不同选择中做出决策。这一过程不仅锻炼了他们的批判性思维，也深化了对社会正义与责任的理解。

第三节　混合式教学与高校价值观教育的协同创新

混合式教育是新媒体发展下的产物，目前，混合式教育成为高校教育的重要模式。混合式教育对高校教育教学理念带来了冲击和挑战，如它具有开放性、大规划性以及现代科技和手段与时俱进等特点，都会引发我们对高校价值理念从理论走向实践的启发和思考。只有积极地进行混合式教学创新，树立先进的、符合时代发展要求的教育教学理念，才能更好地指导高校价值观教育的改革与创新，提升其有效性。

一、混合式教学的含义

混合式教学是一种将传统面对面教学与在线学习相结合的教学模式。这种方式旨在利用数字技术的优势，提高学习效果与灵活性。在混合式教学中，学生不仅参与课堂讨论和实践活动，还可以通过在线平台获取资源和进行自主学习，"在数字化空间里，人与人、人与机器之间的对话互动模式可以激发师生的思维，增强体验"[1]。这种灵活的学习模式允许学生根据个人需求和节奏调整学习方式，促进更深入的知识理解和技能掌握，同时增强学习的互动性和参与感。

二、混合式教学与高校价值观教育的协同创新策略

混合式教学给价值观教育最大的启示就是教学理念从重视"教法"到"学法"，再到"交互"的改变，课程设计从局部到整合中、教学载体从单向到互动。

（一）树教学理念从"教"到"学"的转变

价值观教育具有政治权威性和思想觉悟的崇高性，因此，教师在教学的过程

---

[1] 高盛楠. 高校思想政治教育数字化发展研究［D］. 电子科技大学，2023.

中掌握着主导作用，政治立场的坚定性、教学内容的政治性、思想的指导性必然选择以课堂、课程、知识为中心。这种以教师"教"为中心的教学理论始终是我国价值观教育的指导思想。在传统媒体时代，由于受各种教学条件的限制，加上价值观教育承担着意识形态的宣传和教育的功能，"以教育为中心"的权威性教学理念成为主流的教学理念。在媒体技术不发达的年代，由于传播不畅通、不便捷等原因，通常是采取教师"教"，学生亲身"学"的方法。这种以教师"教"为中心的教育方法是当前虽然已经具有现代技术却无法替代的优势。"在智慧教育中，教师的角色更侧重于引导与辅导，强调对学生个体差异的关注"[1]。长期的价值观教育实践表明，以教为主的教学模式，强调教师主导作用，重点研究教师是"如何教"的。其优点是在于教师能够统筹与把握整个教学活动过程，进一步提升了价值观教谂的吸引力和感染力，确保了价值观教育充盈的政治性、思想性和科学性。但是，任何的教学都有其本身和时代的局限性，由于太过强调教师的教法而忽视了大学生的学习方法，过多地强调教师的专业知识和学术素养而忽视了大学生的学习方法，使得价值观教育出现了诸多问题，其中表现比较突出的就是教学的方法单一、学生对于宣式的教学不感兴趣，甚至产生了排斥。以媒体为中介的交互是新媒体背景下教与学再度整合的关键，在交互的学习模式中，互动性是学习的核心和关键。新媒体是依据一定的平台进行的，在平台之间，教师与学生、学生与学习、学生与教师之间都是相互交互的，网络中的知识不是靠一个实体实现传递和传播的，而是在交互中进行的。从混合教学实践来看，整个过程都是以交互为核心的，交互不仅促进了人与人之间的连接，同时能够提升人与内容之间的连接，不仅促进了人与人之间的交流，还能够对学生产生意不想不到学习内容。因此，混合式的教学不是一种简单的知识学习过程，而是新知识的创造过程，教学的内容中交互过程中动态生成，师生之间通过新媒体进行了持续不断的交互从而生成课程内容。在混合教学的过程中，所有人都是知识和工作者，都是课程内容的设计和深化者。因此，以交互为主要学习和开展方式

---

[1] 徐岸峰，李斌，李玥. 线上线下混合智慧教育模式研究 [J]. 教育理论与实践, 2024, 44 (15): 57-60.

的混合式教学，这种"交互"已经突破了传统的"以教师为中心的"的教学观，从而转向了"以学生为中心"的学习观，强调所有人都要在新媒体平台下进行互动。可见，在新媒体技术下，线上线下混合式教育已经使价值观教育的教学模式由"教师的教"转向为"学生的学"，过渡了人机交互的教学模式。新媒体发展为混合式教学提供了必备的时代技术条件和实践基础，价值观教学也要从过去的"教"转化为以教学互动为基础的"学"，充分发挥混合式教学的互动功能，在互动中，处理好线上课堂与线下课堂的关系，处理好学习的自主学习和教师的线上与课堂上的引导作用。教师要设计好如何通过线上的学习进行互动，怎样才能做到学习之间的自由互动和教师大方向的引导，以提升学生的价值观素养。混合式教育模式的建构，都必须依赖于"互动"的教学理念，才能构建适应当前时代发展需要的线上线下混合式教学模式。

（二）课程设计从局部分散到一体化

混合式教学模式是通过线上线下网络视频在线与线下面授课堂相结合的教学模式。线上教学模式一般是采取"翻转课堂"的形式进行的，通过对教育内容的加工，制作成短小的教学视频，并将地区组织联合起来，以便于在不同地域的学习都能够进行在线学习。通过这种混合式的教学模式，传统的课堂能够传播到世界各地，开辟了大规模开课的学习局面。高校的线上课程设计将价值观教育融入专业课程中，使新媒体与教育的关系变得非常密切。尼古拉·尼葛洛庞帝在《数字化生存》中指出，信息技术的革命将把受制于键盘和显示器的计算机解放出来，使之成为我们能交谈的对象，这些发展将变革我们的学习方式、工作方式、生活方式，并呈现出分散权利、全球化、追求和谐、赋予权利四个特征[1]。这一过程不仅要求教学内容的重新构思，更需要在教学方法上进行创新。通过将理论与实践相结合，教师能够有效地引导学生理解和内化社会责任感、伦理道德等核心价值观，从而提升他们的综合素养。课程设计应围绕实际案例展开，选择与专业相关的真实情境进行讨论。例如，在商学院的课程中，可以通过分析企业的社会责任案例，让学生探讨企业在追求利润的同时，如何兼顾社会责任和道德

---

[1] 尼葛洛庞帝. 数字化生存 [M]. 胡泳、范海燕译. 海南：海南出版社，1997：封2、269-272.

义务。这种基于实际案例的教学方式，不仅使学生能够在学习中识别和理解价值观的实际应用，还能激发他们的批判性思维和道德判断能力。

同时，教师可以通过在线学习平台进行案例分析和小组讨论，而在线学习平台则可以提供丰富的补充材料，如视频讲座、专家访谈和相关文献。这种资源的多样化，使得学生在课后可以深入研究相关主题，进行自主学习和反思。学生能够更好地理解理论与实践之间的联系，形成对价值观的深入认识。课程设计还可以融入反思活动，鼓励学生在学习过程中进行自我评估和思考。例如，在每个单元结束时，教师可以要求学生撰写反思日志，记录他们对所学内容的理解和感悟。这种反思不仅有助于学生内化价值观，还能让他们识别出自身的偏见和局限，增强自我意识和责任感。

通过设计与社会服务、志愿活动相关的实践项目，学生能够在实际行动中体验和践行价值观。课程可以结合社区服务活动，让学生在参与中理解社会责任的重要性。比如，在参与环境保护活动时，学生不仅能够运用所学的环保知识，还能通过团队合作和实践行动，体验到个人对社会的积极影响。为了确保课程设计的有效性，教师需要建立清晰的评估标准，评估学生在价值观教育方面的表现。这些标准不仅可以涵盖学术知识的掌握，还应关注学生在实际操作中表现出的社会责任感和伦理判断能力。通过形成性评估与总结性评估相结合的方式，教师能够全面了解学生的学习进展，并根据反馈不断调整课程内容与教学方法。

通过与不同学科的教师合作，设计整合性的课程内容，能够更好地引导学生从多个角度理解价值观。例如，社会学与心理学的结合可以帮助学生分析人类行为背后的道德动机，增强对不同文化和价值观的尊重和理解。这种跨学科的视野不仅丰富了学生的学习体验，也促使他们在思考中更加全面和深刻。课程设计的整合不仅是理论与实践的结合，更是学生在学习过程中形成内在道德准则的关键环节。通过精心设计的课程，学生不仅能够获得专业知识，还能在实践中培养出社会责任感和伦理意识。这种综合素质的提升，将为学生未来的职业生涯和社会参与奠定坚实的基础，帮助他们成为更加负责任和有担当的社会公民。

（二）教学平台实现线上线下相结合

在线学习平台的应用为价值观教育提供了丰富的资源和灵活的学习方式。这些平台不仅扩展了学生的学习空间，还促进了他们对价值观的理解和认同。通过有效利用这些在线资源，高校能够创建一个多元化的学习环境，使学生在自主学习中深化对社会责任和伦理道德的认识。在线学习平台可以提供多种形式的教育资源，如视频讲座、专家访谈和互动课程。这些资源使得学生能够接触到不同领域的专业知识和实践经验。例如，观看一位社会学家的讲座，学生不仅能够了解相关的理论框架，还能听到该学者对现实社会问题的看法与分析。这种多样化的学习形式，不仅提升了学生的学习兴趣，还促进了他们对复杂价值观念的理解。

通过论坛和讨论区，学生可以与同伴分享自己的见解，进行深入交流和探讨。这种互动方式不仅让学生能够在多元的视角中获得启发，还培养了他们的沟通能力和团队合作意识。在讨论中，学生往往需要面对不同的观点，这种经历使他们学会尊重和理解他人的立场，从而增强包容性和社会责任感。在线学习平台可以提供虚拟情境和案例模拟，让学生在安全的环境中进行实践。例如，在一个模拟的社会问题解决项目中，学生需要角色扮演，探讨不同利益相关者的立场和需求。这种沉浸式的学习体验，不仅让学生在实践中理解理论，还能增强他们的道德判断和决策能力。通过在模拟情境中进行反思，学生能够意识到自己的价值观如何影响他们的选择与行为。

为了进一步增强在线学习的效果，高校还可以定期组织在线讲座和网络研讨会，邀请领域专家分享对价值观的见解。这些活动不仅为学生提供了与专业人士交流的机会，也促进了他们对社会现实的深入理解。在这种互动中，学生能够将理论知识与实际经验相结合，加深对伦理道德的认知和内化。学生可以根据自己的学习节奏，随时访问相关资料进行深入研究。这种自主性激发了他们的学习积极性，使他们更加主动地探索与价值观相关的主题。在这种学习模式下，学生不仅能够加深对知识的理解，还能在自主学习的过程中培养终身学习的意识。

（三）教学实践活动实现"真实"与"虚拟"相结合

当前，虚拟现实技术（VR）和人工智能（AI）是现代信息技术应用于教育教学的主流领域，人工智能为智慧教育探索提供了广阔的空间，虚拟现实技术增强了交互和感官浸入，影响体验的情感认知，增强教学的吸引力和实效性①。高校可以设计与社会服务、志愿活动相关的实践项目，通过这种方式鼓励学生在实际行动中践行价值观。这些实践活动不仅可以通过课堂安排进行，也可以利用线上平台进行组织和记录，形成一个灵活多样的学习体系。在课堂上学习到的价值观和伦理原则，往往在真实情境中会面临复杂的挑战。通过参与社会服务项目，学生能够在实践中体验到这些理论的实际意义。例如，参与贫困地区的支教活动时，学生不仅能教授知识，还能直面教育不平等带来的挑战。这种深度参与让他们更加清晰地认识到教育公平的重要性，从而在心中植入了更强烈的社会责任感。

通过这些平台，高校可以发布志愿活动的信息，鼓励学生报名参加。同时，学生在参与活动后可以通过平台提交反思日志、成果报告等，这样的记录不仅有助于学生对自己的学习过程进行反思，还能为教师提供评价和反馈的依据。学生能够清晰地看到自己在实践中的成长与变化，从而增强自我认知。在许多社会服务项目中，学生往往需要与同伴共同合作，制定计划并解决问题。这种团队合作的经历不仅提升了他们的沟通与协作能力，还让他们意识到每个人的贡献对团队成功的重要性。在与不同背景的人合作时，学生学会了理解与包容，这对于他们的价值观教育来说是至关重要的。

定期的反思与总结环节能够帮助学生深化对价值观的理解。在每次实践活动结束后，组织反思讨论会，让学生分享他们的经验和感受，这不仅能加深他们对价值观的认识，还能培养他们的批判性思维。通过讨论，学生能够看到不同的视角，理解多样性的重要性，并在此基础上形成更为全面的价值观。高校可以结合本地社区的需求，设计针对性的项目，如环境保护、老年人关怀、儿童教育等。这样的实践活动不仅丰富了学生的学习经历，还能让他们在解决实际问题中体会到价值观的应用和价值。通过这些实践，学生不仅提升了自我效能感，也在潜移默化中加强了对社会的责任感和使命感。

---

① 高盛楠. 高校思想政治教育数字化发展研究 [D]. 电子科技大学, 2023.

(四) 互动与反馈机制的建立

在混合式教学模式中，建立有效的互动与反馈机制至关重要。这不仅可以提高学生的参与感，还能深化他们对价值观教育的理解与内化。通过线上讨论、即时反馈和小组合作等多种形式，教师可以促进学生之间的互动，从而创造一个开放、积极的学习环境。线上讨论平台为学生提供了一个自由表达思想和分享见解的空间。学生能够随时发言，提出自己的观点和疑问。这种交流不仅能拓宽他们的视野，还能鼓励他们思考不同观点之间的关系。在互动教学模式下，"各种因素的相互作用和反馈会引发系统内部的变化和演化，从而推动整体向更高形态发展"[1]。学生能够更好地理解复杂的价值观问题，识别不同价值观之间的冲突与融合。定期组织主题讨论，让学生围绕某一社会问题进行深入探讨，可以激发他们的批判性思维，培养他们对多元文化的理解和包容。

高校价值观教育的评价是否合理、科学与规范，评价反馈的质量占有突出的权重，有专家指出："要涉及针对学习结果的总结性评价和量化评价，还包括针对学习过程的、带有持续跟踪特点的形成性、增值性评价和质性评价"[2]。在传统的价值观教育评价反馈中，通常是使用设计问题、大量投放、数据分析等等，整个评价反馈的过程时间、人力和资源成本较高。在新媒体环境下，教师可以通过线上工具对学生的作业和参与情况进行及时评价，这样不仅能让学生了解到自己的学习进展，还能帮助他们及时纠正错误。在反馈中，教师应强调价值观的重要性，引导学生反思自己的观点与行为。例如，针对某个案例分析，教师可以提出问题，促使学生深入思考他们在案例中采取的立场及其伦理影响。这种即时的互动反馈，能有效提升学生的学习动机和参与度。学生可以被分为小组，共同完成任务或项目。小组成员之间的互动能够促进相互学习和成长。在合作过程中，学生需要讨论、分工和协作，这样的经历不仅让他们在实践中理解价值观的应用，还增强了他们的团队意识和责任感。教师在小组合作中应给予指导，确保每

---

[1] 高盛楠. 高校思想政治教育数字化发展研究 [D]. 电子科技大学, 2023.
[2] 彭波, 王伟清, 张进良等. 人工智能视域下教育评价改革何以可能 [J]. 当代教育论坛, 2021 (6): 1-15.

位学生都能参与到讨论中,并提供适时的反馈以帮助他们改进。

定期的课程回顾与反馈环节,可以有效促进学生对学习内容的反思。教师可以安排专门的时间,让学生分享他们的学习经验和感受。这种总结不仅能帮助学生巩固所学知识,还能鼓励他们思考如何将价值观应用于实际生活中。学生能够意识到个人学习与社会责任之间的联系,进一步提升他们的社会参与意识。

第六章 新媒体时代高校价值观教育的实践创新

在新媒体时代，高校价值观教育的实践创新需要借助多种手段，以适应不断变化的教育环境和学生需求，通过这些创新手段，新媒体时代高校价值观教育能够更好地适应时代发展、满足学生需求，提升教育效果。

第一节 打造价值观教育的新媒体社交平台

新媒体时代高校价值观教育实践创新的重要途径之一。通过构建这样的平台，可以实现信息共享的便利性、互动讨论的促进以及资源整合的高效性。

一、完善新媒体平台的多样化功能

在新媒体时代，互动性与参与感是提升学生价值观教育效果的关键因素。通过设计具有吸引力的互动活动，可以激发学生的参与热情，增强他们的学习体验

（一）进一步推动教育资源信息共享的便利性

新媒体社交平台的核心功能之一是信息共享，"新媒体平台提供了连接全球、获得多元信息的机会，其数字化、交互性和实时性的特点，为思政教育注入了新的活动"[1]。通过这一平台，学生能够轻松访问各种与价值观相关的学习资料，如视频讲座、学术文章和案例研究。这种集中化的信息资源，不仅使学习过程变得更加高效，还能够极大地节省学生的时间，避免在不同网站之间反复寻找所需

---

[1] 刘玉红. 新媒体平台在新时代大思政教育中的运用[J]. 甘肃教育研究，2024，(08)：30-33.

材料的麻烦。信息共享的便利性使得学生可以在一个平台上获得多样的学习资源。比如，平台可以汇集来自各类专家的讲座视频，让学生能够根据自己的兴趣和学习需要选择观看。同时，学生可以访问与课程内容相关的学术文章和研究报告，从而加深对特定主题的理解。这种一站式的资源获取方式，促进了学生自主学习的能力，使他们能够更加灵活地安排自己的学习进程。

新媒体平台可以设置自动更新功能，向学生推送最新的研究进展和相关资讯。这种实时的信息流动，不仅使学生能够紧跟时代步伐，还帮助他们在快速变化的社会中保持对价值观的敏感性。例如，关于社会公正、环境保护和人权等议题的最新研究，能够引发学生的深入思考，激励他们对现实问题进行更为全面的分析。平台可以设立讨论区，鼓励学生对所分享的信息进行评论和反馈。在这个互动过程中，学生不仅能加深对内容的理解，还能学习如何从多角度思考问题。通过相互交流，学生能够发现自身的偏见和局限，提升批判性思维能力。这种信息共享的模式，不仅使学习内容更加丰富，还培养了学生在价值观教育中的参与感和主动性。

通过对信息的整理和分类，学生能够轻松找到他们感兴趣的内容。这种整合不仅限于学术资源，还可以包括社会事件、文化现象和人道主义案例等多元视角的内容。这样一来，学生在学习过程中能够更加全面地理解和分析不同的价值观，从而形成更为立体的知识体系。在信息共享的过程中，平台还可以利用数据分析工具，跟踪学生的学习偏好与需求，进而优化资源推荐。这种个性化的学习体验，使得每位学生都能根据自身的兴趣和学习进度，选择最适合自己的资源，从而提高学习的效率和效果。

（二）促进新媒体平台的互动讨论

学校利用新媒体平台实时性和交互性的特点，引导学生主导教学内容的推进，通过设立讨论区和论坛，学生可以自由地发表自己的观点、提问或回应他人的看法，这种自由交流的环境，不仅有助于激发更深入的思考，也为多元文化的碰撞提供了平台。例如教育平台 MOOC 与 Courserat 等，不仅为学生和教师提供了多元化的学习资源，同时其中的互动讨论能够让学生接触到不同的观点和思想,学生们分享自己的经验和见解,通过对话了解他人的立场,更能贴近学生的学习需求和兴趣。同时,学生和教师在使用新媒体平台时,可能通过留言或弹幕等方式进行点评,这种多元化的交流,有利于教师及时对下一步的教学计划进行修正,同时也能够及时捕捉学生的思想和观点。例如,关于社会公正的话题,学生可以听到来自不同背景的同学对该问题的不同看法,从而增强对其他文化和思想的包容性。

教师不仅可以提出问题、引导讨论的方向,还能在学生发表观点后给予反馈。这种专业指导能够帮助学生更清晰地分析问题,并鼓励他们从多角度思考。在讨论中,教师可以指出潜在的逻辑谬误,或提供新的视角,让学生意识到不同观点之间的关系,从而提升他们的批判性思维能力。当学生感受到自己的意见受到尊重时,他们更愿意积极参与讨论。这种信任不仅促进了更深层次的思想交流,还为学生提供了一个安全的空间,让他们可以自由表达自己的观点和疑虑。学生更容易接受批评和建议,进而形成更加开放和灵活的思维方式。

学生在表达观点的同时,也在不断审视自己的想法与信念。在与他人的交流中,他们可能会发现自己先前的偏见或误解,从而促使他们进行自我评估和调整。这种反思不仅能帮助学生更深入地理解价值观,还能培养他们的自我认知能力。为了确保讨论的质量,平台应设立明确的讨论规则和礼仪,鼓励建设性对话和相互尊重。管理者可以通过监控讨论内容,及时介入不当言论,维护讨论的健康氛围。这样的管理措施,不仅保证了讨论的有序进行,还为学生提供了良好的交流环境。

(三) 资源整合的高效性

资源整合是新媒体社交平台的关键功能,这一功能使得学生能够轻松获取与价值观教育相关的各类学习材料。通过平台,学生不仅可以找到来自不同学科的资源,如心理学、伦理学和社会学等,还能在多学科视角下理解价值观的复杂性,进而提升他们的综合素养。资源整合让学生在一个集中化的平台上访问多样的学习材料,极大地提高了学习的便利性。以往,学生需要在不同的资源网站之间反复搜索,而如今,所有相关的课程资料、研究文献和学习工具都可以在一个地方找到。这种集中化的管理方式，不仅节省了时间，也使学生能够更加专注于学习内容本身，从而提高学习效率。

多学科的资源汇聚使得学生能够从多个角度审视同一价值观问题，"借助新媒体大幅度整合师生共同体的学习和研究成果，汇聚集体力量对外发布和推介，形成规模效应，让业界认识和了解，甚至获得好评和支持。"[1] 不同学科的理论与实践各有独特之处，通过整合这些资源，学生能够获得全面的视野。例如，心理学中的动机理论可以帮助学生理解个人价值观的形成，而伦理学的讨论则能让他们思考这些价值观在道德判断中的应用。这样的跨学科整合，不仅丰富了学生的知识体系，也为他们的价值观教育提供了更为深厚的理论基础。基于学生的学习需求和兴趣，平台可以自动推荐相关的学习材料。比如，某位学生在学习社会责任感相关的内容后，平台能够推送与之相关的案例研究或视频讲座。通过将相关资源按主题进行分类和组织，学生可以更轻松地进行深入研究。例如，在探讨环境伦理时，平台可以整合环保政策、相关案例和理论文章，帮助学生形成对该主题的全面理解。这种系统化的学习方法，不仅促进了知识的积累，也使得学生能够在实际生活中更好地应用这些价值观。

二、提升新媒体平台中的师生互动性

在当今数字化时代，新媒体平台已经成为教育领域中不可或缺的一部分。为了进一步增强师生之间的互动性，我们需要采取一系列有效的措施。

（一）强化互动活动的设计

新媒体社交平台通过设计互动性强的活动，如在线投票和问卷调查，有效提升学生的参与感。这种互动方式不仅使学生能够表达自己的观点，还鼓励他们积极参与到价值观教育的过程中，为他们提供了一个展现自我和互动交流的空间。在讨论社会伦理或文化多样性等话题时，教师可以通过平台发布相关问题，邀请学生进行投票。例如，教师可以询问"在当前社会中，您认为最重要的价值观是什么？"学生通过投票表达自己对不同价值观的看法。这种方式不仅能让学生感

---

[1] 杨丽丽. 新媒体视阈下高校师生共同体建设研究 [J]. 广西社会科学, 2018, (03): 207-211.

受到自己在讨论中的重要性,还能够促使他们在投票前进行思考,反省自己的价值观,进而加深对该主题的理解。

通过设计与课程内容相关的问卷,教师能够收集到学生对特定问题的看法和感受。这些问卷不仅能够揭示学生的想法,也为教师提供了有价值的数据,从而帮助他们调整教学策略。例如,在调查关于学生对环保意识的看法时,教师可以分析学生的回答,了解他们在环境保护方面的认知与态度。这样,不仅使学生的声音被听到,还为后续的教学内容提供了依据,使课程更加贴近学生的实际需求。在进行在线投票或问卷调查后,教师可以组织学生进行讨论,分享他们的选择和看法。学生能够听取他人的意见,反思自己的观点,从而拓宽视野。例如,在一个关于文化多样性的讨论中,学生可以分享自己在不同文化环境中成长的经历,进一步加深对该主题的理解。这种互动不仅提升了参与感,也加强了学生之间的联系,创造了更为融洽的学习氛围。

在设计这些活动时,教师应确保活动内容的相关性与趣味性,以吸引学生的关注。同时,教师可以通过提供积极的反馈和鼓励,进一步激励学生参与。例如,当学生积极参与投票或问卷时,教师应及时表扬他们的贡献,这种积极的反馈能够激发更多学生参与到后续的活动中,从而形成良性循环。结合具体的案例与实际问题进行讨论,可以让互动活动更具实效性。当学生在投票或问卷调查中反映出对某一社会问题的关注时,教师可以迅速调整课程内容,引导学生深入探讨相关主题。比如,若发现学生对"如何应对气候变化"这一问题表现出浓厚兴趣,教师可以围绕这一主题组织一系列讨论、研究和实践活动,让学生在参与中更加深入地理解与内化相关的价值观。

教师可以定期评估学生参与的积极性和满意度,通过收集反馈意见不断改进活动的形式与内容。这种动态调整不仅能够保证活动的持续吸引力,还能更好地适应学生的需求变化,确保他们在价值观教育中保持高水平的参与感和兴趣。通过这样的循环,学生在互动活动中的参与感将不断增强,从而提升他们对价值观教育的认同与理解。

(二)促进教学过程中的及时反馈

实时讨论功能的引入为新媒体社交平台注入了活力,使得学生能够在一个互动性强的环境中进行即时交流,这种环境显著增强了学习的参与感。学生不仅可以在讨论区发表个人观点,还能积极回应他人的意见,与同学和教师展开深入对话。在讨论区中,学生可以自由地分享他们对价值观问题的看法,这种开放的表达方式让他们感受到自己声音的重要性。例如,当探讨社会正义或人权问题时,学生可以直接在平台上发表意见,这种互动鼓励他们深入思考并组织自己的观点,从而增强了他们的自信心和参与感。信息化时代,借助信息技术,高校思想政治教育评价主体可以开通长期的网上评价系统,在不受地点和环境限制的条件下可以随时进行评价反馈,实现了短期评价方式和长期评价方式的结果,实现评价主体的多元化。所谓评价主体多元化就是要组织来自不同团体的人员加入其中,教育、学生、家长、主管部门、社会相关单位都应该加入高校思想政治教育的评价中,共同组成一个"评价共同体"。而新媒体技术的应用,"使得评价对象本身、教育主管部门、社会用人单位分别实施的自我评价、主管部门评价和社会力量评价成为一种很现实的可能。"[①] 通过即时回应,学生能够及时对他人的观点进行反思和评价,这种互动不仅能够深化他们对讨论主题的理解,还能够帮助他们认识到不同的思维方式和文化背景。例如,当某位学生提出一种观点时,其他同学可以立刻提供反对意见或补充说明,这样的动态讨论过程能够激发更丰富的思考。

教师不仅可以通过引导问题激发学生的思考,还能在讨论中给予反馈和建议,帮助学生更好地理解复杂的价值观问题。通过教师的引导,学生能够学会如何在多样的观点中找到平衡,培养开放的心态。例如,教师可以针对某一争议性话题,鼓励学生分析不同观点的优缺点,从而引导他们在讨论中形成更加理性的判断。当学生在讨论中关注社会问题时,他们不仅是在学习理论,更是在参与实际的社会对话。例如,关于环境保护的讨论,学生可以分享个人的行动和观点,鼓励彼此采取行动。这种讨论使他们意识到作为社会成员的责任,增强了他们对社会问题的关注与思考。

---

① 陈晓明:《谈高校思想政治教育评价体系网络信息技术化的特点》,《思想理论教育导刊》2003年第6期,第58-59页。

(三) 提升新媒体交流中的正向反馈

及时反馈不仅能够让学生了解自己在讨论中的表现，还能帮助他们识别出优点和需要改进的地方。这种形式的互动能够有效激励学生，让他们更加积极地参与到讨论中，从而深化他们对价值观教育的理解。当学生在讨论区发表自己的观点时，教师可以迅速做出回应，指出其论点的有效性或存在的不足之处。这样的反馈机制不仅能让学生感受到自己的声音被重视，还能让他们在真实的讨论中得到有效指导。"新媒体提供了高度差异性政治信息与观念的方式，在理论上可以让所有意见无限制地接受，而且领导者和追随者之间有许多的反馈和协调。"[①] 例如，教师可以对某位学生提出的关于社会公正的观点进行分析，称赞其深思熟虑的角度，同时指出可能忽视的反方意见。这种双向互动不仅提升了学生的思考深度，还促进了他们对复杂问题的全面理解。

教师可以通过积极的评价和激励性语言，鼓励学生在讨论中勇于表达自己的想法。例如，在某个热烈的讨论中，教师可以称赞某位学生的独到见解，鼓励其他同学也分享他们的看法。这种积极的环境使学生感受到来自教师的支持和信任，从而增强了他们参与讨论的积极性，培养出更强的归属感。定期的问答环节能够让学生在讨论结束后，有机会再次提出问题和疑惑。教师在这些环节中，可以回顾之前的讨论要点，解答学生的疑问，并引导他们思考更深层次的问题。例如，教师可以在总结时指出本次讨论中的重要观点，以及学生在互动中表现出的优点和需要加强的地方。这样的过程不仅能加深学生对所学内容的理解，还能够提升他们的反思能力。

当学生感到自己的意见不会被嘲笑或忽视时，他们更愿意参与讨论。这种安全感可以通过教师的鼓励和支持建立。例如，教师在讨论开始时明确指出，所有的观点都值得被尊重，不论它们是否流行或受欢迎。这样，学生们在表达自己独特的观点时，会更加自信，从而积极参与到讨论中。通过反馈与鼓励机制的建立，教师不仅提升了学生的参与感，也为他们提供了一个更为积极的学习环境。

[①] [荷兰] 丹尼斯·麦奎尔：《大众传播理论》，崔保国、李琨译，北京：清华大学出版社，2010年，第123页。

学生不仅能够更好地理解复杂的价值观问题,还能培养出更强的批判性思维能力和社会责任感。因此,教师的有效反馈和鼓励是价值观教育中不可或缺的元素,有助于学生在学习过程中不断成长和进步。

三、基于新媒体的实践活动组织

基于新媒体的实践活动组织是指利用现代信息技术手段,特别是互联网和移动通信技术,来策划、实施和管理各种社会实践活动。这种组织形式充分利用了新媒体的传播速度快、覆盖面广、互动性强等特点,使得实践活动能够更加高效、便捷地开展。

(一)社会服务与志愿活动的设计

"随着校园网络技术的发展和普及,教育信息化已经渗透到各级各类学校教学、管理、科研和校园生活的各个环节,推动了教育教学的改革与创新。"[①] 新媒体平台的实践活动组织功能能够有效促进学生参与社会服务和志愿活动,这些活动为学生提供了一个在真实环境中践行课堂上学习到的价值观的机会。通过参与这些活动,学生不仅能够将理论知识转化为实践经验,还能够增强对社会责任的认同感和使命感。平台可以针对不同的社会问题,设计多样化的志愿服务项目。例如,社区清洁活动可以让学生亲身参与到环境保护中去,帮助提升他们对可持续发展的理解。学生不仅清理了社区环境,还能深刻体会到个人行动对集体环境的积极影响。通过亲身体验,学生能够感受到环境保护的重要性,并在心中种下社会责任的种子,激励他们在日常生活中关注环保议题。

通过与老年人的互动,学生不仅能够帮助他们解决生活中的实际问题,还能在这个过程中增进对老年人需求和挑战的理解。这样的活动让学生意识到不同年龄群体的社会角色与贡献,同时培养他们的同理心。在参与助老服务的过程中,学生会发现关心他人、帮助他人是践行社会价值观的重要方式,从而在心中形成更为深厚的责任感。学生可以参与到环保知识的普及和宣传中,组织活动向社区居民传递环保理念,分享可持续生活方式。这不仅增强了学生的沟通能力,还让

---

① 马一:《线上线下混合式教学行动研究——信息技术与思政课教学融合创新》,《教育学术月刊》2020 年第 7 期,第 97-105 页。

他们在实践中体会到团队合作的重要性。通过这样的活动，学生能够了解到公益事业并非单打独斗，而是需要大家共同努力、团结合作，这种意识将为他们今后的社会参与奠定基础。

新媒体平台可以为这些活动提供必要的支持与资源。例如，平台可以通过发布活动公告、提供活动指南、记录志愿者的参与情况，帮助学生更方便地获取参与机会。这种便利的组织功能能够激发学生的参与热情，使他们在选择志愿活动时更加主动。平台还可以根据学生的兴趣和能力，个性化推荐适合他们的志愿项目，从而提高参与的积极性和有效性。通过这种组织与设计，学生的社会经验得以丰富，同时也让他们更深刻地理解到，个人行动不仅影响自己，更能改变周围的环境和他人。这样的实践经历，使学生在参与中不断成长，形成积极的社会价值观。这种认识不仅提升了他们的社会责任感，也为他们未来的公民意识和社会参与打下了坚实的基础。

在实践活动结束后，学生可以通过平台分享他们的体验和反思，这样的反馈机制也有助于他们进一步理解自己在活动中的角色与贡献。通过写作心得体会、上传活动照片或录制视频，学生能够在分享中加深对活动意义的理解，也能帮助他人看到参与社会服务的价值。这样的互动不仅促进了学生之间的交流与学习，也让每个参与者都感受到自己的努力是有意义的，增强了他们在未来继续参与的动力。

（二）活动经验分享与反思机制

参与实践活动后，鼓励学生在新媒体平台上分享他们的经历与反思是十分重要的。这一过程不仅促进了学生之间的互动，还为他们提供了一个自我审视和成长的机会。在这样的平台上，学生可以通过撰写心得体会、上传活动照片或录制视频来表达他们的感受，这些方式丰富了他们的表达形式。在反思的过程中，学生能够将活动中的所见所闻整理成文字，这不仅增强了他们的写作能力，也促使他们深入思考自己的经历。例如，参与一次义务教育活动的学生可以写下他们在活动中所遇到的挑战、自己的应对措施，以及在过程中获得的启示。这种书写的方式帮助学生理清思路，使他们更清晰地认识到个人在社会服务中的角色和意义，从而促进内心价值观的成长。

视觉材料往往能够引发更多的共鸣，学生通过展示他们参与活动的真实画面，不仅让自己回忆起美好的瞬间，也能激励其他同学参与类似的活动。大学生可以通过结合新媒体，利用其信息更新速度快、内容丰富、材料鲜活、表达效果好的特点，采取个性化、特色化的展示方式吸引更多大学生的关注与认同，提升大学生参与志愿服务的积极性、主动性。① 通过分享这些内容，学生能够互相学习，吸收他人的经验和感悟。这种分享不仅仅是信息的传递，更是情感的共鸣，促进了同学之间的信任与理解。学生应该有意识地评估自己的表现与收获，思考如何在未来的活动中改进自己。通过讨论和反馈，学生可以意识到自己在某些方面的不足，例如沟通能力的欠缺或组织能力的不足。在这样的自我反思中，学生不仅能提升自身的素质，更能加深对社会责任感的认同。举例来说，参与一项社区服务活动后，学生可能意识到自己在与他人互动时的态度需要改进，这种认知将激励他们在未来的服务中更加积极和包容。

学生在平台上记录自己的经验和反思后，其他同学可以对这些内容进行评论和讨论，形成互动。这种交流不仅让学生感受到自己的声音被重视，更能激励他们继续参与和贡献。学生在不断反馈与交流中，能够更深入地理解价值观的重要性，并在生活中积极践行。

(三) 活动记录与成就展示

通过系统性地记录每位学生的参与活动，平台不仅为学生提供了一个回顾个人成长的机会，还为他们创造了展示自己贡献的空间。这种机制能够有效增强学生的归属感与成就感，激励他们在未来更加积极地参与社会服务。系统记录参与情况使得学生能够清晰地看到自己的成长轨迹。这种记录不仅限于活动的时间、地点和内容，还可以包括他们在活动中所承担的具体任务和取得的成果。当学生在平台上查看到自己参与的项目时，能够直观感受到自己的努力与付出，这种反馈无疑会增强他们的自信心。例如，学生可以看到自己在某一环保项目中所做的

---

① 方敏. 新媒体视域下大学生志愿服务可持续发展研究 [J]. 现代职业教育, 2019, (29): 46-47.

工作，以及对项目成功的贡献，从而激发他们继续投身于类似活动的动力。

在这个专门的区域，学生可以上传自己的照片和参与故事，分享在志愿服务中的体验。这种可视化的展示不仅让学生的贡献得以被他人看到，还增强了他们的自豪感和责任感。参与者在看到自己被展示时，内心的自豪感会促使他们更积极地参与未来的活动。学生的努力得到了应有的肯定，从而更容易形成长期的参与习惯。这种活动记录与展示的机制，不仅为学生提供了参与感的提升，也为他们建立了一个积极的价值观践行平台。当他们看到同学们的贡献与故事时，会感受到一种社区归属感。这种氛围激励学生相互学习、相互激励，形成一种积极向上的集体文化。通过分享和展示，学生能够看到社会服务对他人生活的影响，从而更深刻地理解自身行动的意义，进一步增强了他们参与社会公益活动的意识和积极性。这种良性循环将为学生未来的社会参与奠定坚实的基础，推动他们不断践行社会责任。

第二节　拓展校园文化阵地与新媒体的融合

在当今数字化时代，校园文化的传播与发展急需与新媒体相融合，以更有效地传递文化价值、增强学生的参与感和归属感。

一、校园文化新媒体平台的建立

在当今数字化时代，校园文化新媒体平台的建立显得尤为重要，"随着5G时代的全面普及，数字化媒体改变了大部分的信息交流情境，多元化使用场景的拓展与信息壁垒模式的快速迭代，社会各界对媒体技术的普及规则与使用原则的关注度显著增强"[①]，通过校园文化新媒体平台的构建，可以有效地传播校园文化，增强学生之间的互动与交流，提升校园文化的影响力。新媒体平台不仅能够提供丰富的信息资源，还能为学生提供一个展示自我、表达观点的舞台。

[①] 田惠宇. 基于微信公众号的高校校园文化品牌建设研究——以SWOT分析法为例[J]. 公关世界，2024，(22)：16-18.

(一) 信息发布的高效性

在当今信息时代，校园网站和社交媒体的结合成为信息发布的有效工具。学校能够迅速传播活动通知、学术讲座及文化活动的最新信息，极大地提高了信息的即时性。这样的机制不仅使学生能够随时获取最新动态，还有效地减少了因信息延迟而导致的误解或错过的重要活动。信息分类和标签化的功能让学生能根据个人兴趣快速找到相关内容。比如，某些活动可能特别吸引艺术专业的学生，而其他则可能更适合科技领域的爱好者。学生不仅能快速接触到感兴趣的信息，还能够在海量数据中迅速筛选出对自己最有价值的内容，这样一来，信息的可达性和利用率得到了显著提高。

学校可以通过评论、点赞等功能与学生实时互动，鼓励学生参与讨论，分享看法。这种双向沟通不仅使得信息更加透明，也为学校与学生之间搭建了一座桥梁，有助于营造更加紧密的校园社区氛围。学校还可以评估哪些信息最受欢迎，哪些内容需要改进。这种反馈机制使得学校能够不断优化信息发布策略，确保未来的内容更符合学生的需求。这种基于数据的调整能力，进一步增强了信息发布的高效性，使得每一条信息都能发挥最大作用。

(二) 互动交流的促进

社交媒体的功能极大地促进了师生和生生之间的互动交流。大学生是接受和引领新事物的年轻群体，在新媒体普及的时代，新媒体网络化发展机制是必然趋势。当前，传统的志愿服务渠道与新媒体相结合，成为构建社会需求与志愿服务的对接桥梁[1]。学生通过评论和点赞的方式，能够即时表达自己的看法和感受，这种直接的反馈不仅让学生感到被重视，还提升了他们的参与感。例如现在用户活跃度较高的微博、B站、微信生态区等。因其具有独特性和先进性，侧重于用户交互和使用体验，满足了当代社会对于信息传递快速、及时和开放的需求[2]。社交媒体平台提供的这种互动机制，使得学生在校园活动和学术讨论中更为积

---

[1] 方敏. 新媒体视域下大学生志愿服务可持续发展研究 [J]. 现代职业教育, 2019, (29): 46-47.

[2] 张光娜. 基于SWOT分析的山东省图书馆微信公众号品牌传播探析 [D]. 山东师范大学, 2021.

极，营造出一种开放的交流氛围。例如，学校可以利用社交媒体设立专门的话题讨论区，鼓励学生分享他们对校园文化活动的看法和建议。这样的讨论空间不仅让学生能够自由表达，还能引发更多的思考与讨论，促进不同观点的碰撞。学校不仅能够及时了解学生的需求和意见，也能够根据反馈不断调整活动的内容和形式，以更好地满足学生的期望。

线上投票功能的引入进一步增强了这种互动性。学生可以参与到重大决策中，例如选择活动主题、确定文化节的安排等，这种参与感让他们感受到自己的声音得到了重视。学校能够在文化建设上更好地听取学生的意见，形成更具包容性和代表性的决策。这种双向沟通的模式，除了让学生感受到参与的乐趣外，也为学校提供了一个了解学生需求的重要渠道。通过分析讨论区的活跃度和投票结果，学校能够更清晰地把握学生的兴趣和关注点，进而优化资源配置，提升校园文化活动的质量。互动交流的促进还可以增进师生关系。师生之间的沟通不再仅限于课堂和正式场合，社交媒体为师生提供了一个更加轻松和自由的交流平台。这种亲近感不仅有助于提升学生的学习积极性，也能够促进师生之间的相互理解和信任。

（三）文化动态的多样化展示

新媒体平台为校园文化动态的展示提供了一个全新的视角。这些平台利用图文并茂的形式，不仅能有效传达信息，还能通过视觉冲击力吸引学生的注意。通过演出视频、活动照片以及学生创作的作品，校园文化的多样性得以生动展现。这样的呈现方式不仅让学生直观地感受到校园文化的丰富性，还激发了他们对文化活动的关注与参与热情。通过评论、分享和点赞等功能，学生可以对所见的文化活动表达自己的看法和感受。这种互动不仅增强了学生与平台之间的联系，更使得文化活动的传播效果倍增。学生们在参与讨论时，不仅能够了解他人的观点，也能够激发出自己的思考，形成更为多元的文化交流。

除了常规的活动信息发布，平台还可以推出文化专题或系列活动，围绕特定主题进行深度探讨。例如，针对传统节日或文化遗产的专题，可以组织线上讨论或创作比赛，鼓励学生表达自己的理解与感受。这种形式的文化探讨，不仅丰富了校园文化的内涵,"每个人都可以成为信息的接受者和贡献者,共同塑造校园文化的多样性和包容性。这种共建的过程不仅增强了校园文化的活动,还促进了校园社群的紧密连接和互相支持"①,也促进了学生对文化的认同与归属感。借助社交媒体的即时性,文化活动的信息可以在短时间内传播到广泛的受众中。当学生看到身边的同学参与某个活动时,往往会受到感染,激发他们的参与欲望。这种自下而上的文化传播模式,能够在校园内形成良好的文化氛围,激励更多学生积极参与到文化活动中来。

新媒体平台的多样化展示方式也使得文化活动的记录和保存成为可能。通过对活动过程的全程记录,学生和教职工能够在日后随时回顾这些精彩瞬间。这不仅是对校园文化的一种珍藏,也是对参与者的一种认可与鼓励。活动的成功与否,常常可以通过这种记录来评估,并为今后的文化活动提供借鉴和改进的依据。通过对不同文化活动的记录和分享,学生不仅能够了解传统文化的价值,也能在此基础上进行创新和发展。例如,学生可以在传统文化的基础上,创造出融合现代元素的艺术作品或活动,这样的创新实践不仅丰富了校园文化的内涵,也为学生提供了展现自我的平台。为了更好地实现文化动态的多样化展示,校园需要积极搭建新媒体平台的基础设施。学校可以提供必要的技术支持与资源,鼓励学生主动参与内容的创作与分享。通过培训和指导,学生能够更好地掌握新媒体的使用技巧,从而提升他们在文化展示中的参与感与成就感。

二、"新信息文化" 逐渐成为校园文化中的一种新兴生态

"新信息时代的理念在人们对数字化、网络化、虚拟化等概念与现实的体验与反思 中变得像生活本身一样具体与清晰。不管人们对于现代社会是以'信息社会'、'知识社会'抑或'后现代社会'的话语来表征,新信息文化都已经成为人们生活中不可回避的现实。"② 显然,信息技术的迅猛进步,不仅深刻地塑造了人类文化的发展轨迹,更催生了一种全新的文化形态——新信息文化。这一

---

① 田惠宇. 基于微信公众号的高校校园文化品牌建设研究——以 SWOT 分析法为例 [J]. 公关世界, 2024, (22): 16-18.

② 陆续红:《数字化变革中崛起的新信息文化》,北京:人民出版社, 2007 年, 第 1 页

文化形态紧密伴随着信息技术的兴起而诞生，并随着其不断演进而持续发展。换言之，现代信息技术的蓬勃发展，已重新构建了人类的文化基础与文化时空框架，从而有力地推动了新信息文化的诞生与繁荣。新信息文化融入了学生们的学习和生活之中。随着信息技术的迅猛发展，传统的校园文化正在经历一场深刻的变革。学生们通过互联网、社交媒体和各种数字平台获取信息、交流思想和展示自我，这些新兴的交流方式正在逐步改变他们的学习习惯和思维方式。在这样的背景下，校园文化不再局限于课堂和图书馆，而是扩展到了虚拟空间。学生们可以在网络上参与各种学术讨论、文化交流和创意分享，这些活动不仅丰富了他们的课余生活，还提升了他们的信息素养和创新能力。教师们也在积极适应这种变化，利用信息技术手段创新教学方法，使课堂变得更加生动有趣。

（一）新信息文化促进了校园内外的交流与合作

"新信息文化是相对于旧信息文化而言的概念，它们两者是信息文化历史性发展的序列表现。"[①] 学生们可以通过网络平台与世界各地的同龄人进行互动，分享各自的文化背景和学习经验。这种跨文化的交流不仅拓宽了他们的视野，还培养了他们的国际意识和跨文化沟通能力。总之，"新信息文化"正在成为校园文化中不可或缺的一部分，为学生们提供了一个更加开放、多元和互动的学习环境。这种新兴的文化生态不仅改变了他们的学习方式，还深刻影响了他们的思维方式和价值观。随着"新信息文化"在校园文化中的不断深入，其影响力也日益显现。首先，它推动了教育资源的共享与优化配置。传统的教育资源往往受限于地域和物理条件，而新信息文化则打破了这些限制，使得优质的教育资源能够跨越时空的界限，惠及更广泛的学生群体。

（二）新信息文化还促进了学生自主学习能力的培养

在信息爆炸的时代，学生需要具备筛选、整合和批判性思考信息的能力。而新信息文化鼓励学生们主动探索、自主学习，并通过网络平台与他人交流分享，这种学习方式不仅提高了他们的学习效率，还培养了他们的创新思维和解决问题

---

① 陆秀红. 新信息文化主体的理性解读 [J]. 学术论坛, 2004, (05): 165-169.

的能力。新信息文化也推动了校园文化的多元化和包容性。在信息文化的引领下，学生们可以接触到更加多元的文化和思想，这有助于他们形成更加开放和包容的心态。同时，新信息文化也为不同背景、不同兴趣的学生提供了展示自我、实现价值的舞台，促进了校园文化的多样性和活力。

（三）新信息文化还对校园管理和服务提出了新的挑战和要求

随着信息技术的不断发展，校园管理和服务也需要不断创新和改进，以适应新信息文化的需求。网络文化的特点在于信息资源的丰富性、信息资源的可重组性、信息受众的多层化、思想文化的多元性、沟通行为的交互性和精神体验的虚拟性。[①]例如，利用大数据和人工智能技术优化教学资源配置、提高管理效率；通过社交媒体等渠道加强与学生的沟通和互动，及时了解他们的需求和反馈，为他们提供更加贴心和个性化的服务。总之，"新信息文化"作为校园文化的新生态，正在以其独特的魅力和影响力改变着我们的学习和生活方式。它不仅是教育现代化的重要标志，更是培养未来社会所需人才的关键力量。我们有理由相信，在未来的日子里，"新信息文化"将继续在校园文化中发挥更加重要的作用，引领我们走向更加美好的未来。

三、多元校园文化内容的创作与分享

在当今多元化的校园环境中，丰富多彩的文化内容创作与分享活动正蓬勃开展。学生们通过各种形式，如文字、图片、视频等，展示自己独特的文化背景和创意。这些内容不仅涵盖了学术研究、艺术创作、音乐表演，还包括各种传统节日庆祝活动和国际文化交流项目。

（一）鼓励学生表达与创作

"新园文化借助数字化技术，将巨量知识与信息挖掘、汇聚并进行传播，巨量知识也为高校校园文化建设提供丰富的资源"[②]。新媒体平台为学生创造了一个独特的展示自我的空间，鼓励他们积极参与校园文化的创作与表达。通过撰写

---

① 陆秀红.新信息文化主体的理性解读［J］.学术论坛，2004，（05）：165-169.
② 郭策，游舒颖，王苹.新媒体时代高校校园文化建设的机遇、困境与出路［J］.湖北经济学院学报（人文社会科学版），2020，17（07）：103-105+147.

文章、发表评论或制作视频,学生能够分享他们对校园生活的观察与体验。这种参与不仅使学生能够表达个人观点,还为他们提供了一个与同龄人互动的平台。学生不仅能够发声,还能通过作品与他人产生共鸣,促进思想的碰撞与交流。通过撰写文化相关文章,学生学会了如何清晰、有效地传达自己的观点。他们不仅需要考虑内容的逻辑性和连贯性,还要关注如何吸引读者的注意。这种训练不仅对他们的学术写作能力有积极影响,也为他们未来的职业生涯打下坚实的基础。此外,视频创作的过程也锻炼了学生的沟通技巧和创造力,使他们能够更好地运用多种媒介来表达自己的思想。

在互动的过程中,学生们能够与其他同学进行深入的思想交流。这种交流不仅局限于分享个人经历,还包括对校园文化现象的探讨与反思。通过评论和讨论,学生可以互相启发,从不同的角度理解和分析问题。这种开放的交流氛围促进了校园内的多元文化发展,使得不同的声音能够被听到和重视,形成一个包容的文化环境。当他们看到自己的作品被其他同学认可和讨论时,内心的成就感激励着他们继续创作。这种正向反馈不仅让学生感受到参与的价值,也让他们更加愿意在今后的学习和生活中表达自己的看法。这种自信心的提升,不仅限于创作活动本身,更会延伸到他们日常的学习与社交中,培养出更为积极的人生态度。

在撰写文章和制作视频时,学生需要进行深入研究和思考,分析所讨论的主题。这种思维过程使他们能够从不同的角度审视问题。这种能力不仅对他们的学术研究至关重要,也在日后的职业生涯中发挥着关键作用,帮助他们成为能够独立思考的社会成员。传统的书面表达形式虽然依然重要,但通过视频、图文结合等新形式,学生能够以更生动、有趣的方式传达信息。不同媒介的结合,使得学生在表达时可以选择最适合的方式,从而提升了表达的效果与影响力。

(二)促进文化多样性与包容性

新媒体平台为师生共同参与内容创作提供了良好的契机,从而有效促进了校园文化的多样性与包容性,"交互性消除了传播领域的界限,为公众参与社会生活、表达个人观点提供极大的便利，也明显提高了互动性。"① 当不同背景的学生和教师在同一个平台上分享各自的观点与体验时，校园文化的丰富性得以充分展现。这种多样性的声音不仅展示了各种文化的独特之处，还让校园内的每一个人都能感受到文化的多元性。通过师生的共同创作，校园文化的讨论变得更加全面和深入。当来自不同文化背景的学生分享他们的传统、习俗或个人故事时，这种交流能够让其他人获得新的视角与理解。这种互相学习的过程，不仅帮助学生加深了对自身文化的认同感，也促使他们对其他文化的理解与尊重。这样的文化交流形成了一个良好的循环，使得校园内的文化氛围更加开放和包容。

文化的多样性和包容性不仅体现在参与者的背景上，也反映在创作内容的形式上。通过视频、文章、图像等多种媒介，师生们可以以不同的方式表达自己的思想和文化观。这种多样化的表达形式让更多人有机会参与到文化创作中，激发出丰富的创意和想法，从而提升了校园文化的活力。同时，包容性的校园环境为所有师生提供了一个安全的空间，让他们能够自由表达自己的看法。学生不会因为文化差异而感到孤立或被排斥，反而能够找到共同话题和兴趣，增强彼此之间的联系。这种文化的融合不仅提升了校园内的和谐氛围，也为师生们创造了一个更加友好的学习环境。

当文化多样性和包容性在校园中得到认可和推动时，学校的文化认同感和凝聚力也随之增强。这种共同的文化认同感不仅使校园文化更加丰富，也让学生在未来的生活中能够更加自信地面对不同文化的挑战。通过师生的共同努力，校园内的文化不仅能够不断发展，也能够在多样性中找到统一，使每个人都能在这个大家庭中找到自己的位置。

（三）推动校园文化互动

在校园文化建设与发展的过程中，高校借助新媒体形式建立新的文化交流与互动平台，这种即时的互动方式使得每个人的声音都能够被听到，营造出一个开放且包容的文化氛围，弥补了传统校园文化建设的不足。通过构建网络互动不

---

① 郭策，游舒颖，王苹. 新媒体时代高校校园文化建设的机遇、困境与出路 [J]. 湖北经济学院学报（人文社会科学版），2020, 17 (07): 103-105+147.

同，不同的观点和经验交汇在一起，使得校园内的文化讨论更加丰富，建立起更自由、开放的文化氛围。① 在这样的互动社区中，学生与教师能够在平等的基础上展开对话。师生的身份差异在新媒体的框架内被弱化，更多的是基于共同的兴趣和文化体验进行交流。这种形式的互动不仅增强了师生之间的亲密感，也为校园文化的创新提供了源源不断的动力。每个人的参与都能激发新的创意，从而推动文化内容的多样化和创新发展。

新媒体平台具有互动性强的特点，学生通过平台的点赞和分享，不同文化内容能够迅速在校园内外传播，使得更多人参与其中。这种自发的传播方式，不仅提高了文化活动的知名度，也增强了其影响力。随着更多师生的参与，校园文化的认知度不断提升，为未来的文化活动创造了更好的基础。互动社区的建立还为学生提供了一个安全的表达空间。在这里，他们可以自由地分享自己的观点，而不必担心遭受批评或排斥。这种包容性使得每个人都愿意参与讨论，积极分享自己的见解。随着更多的声音被纳入讨论中，校园文化的多样性得以更好地体现，形成一个和谐的文化生态系统。

在这个互动的环境中，师生们不仅在文化内容上相互启发，还在生活的各个方面建立起了联系。无论是学术讨论还是文化交流，这种互动都为他们提供了一个共同的平台，促进了彼此间的了解和友谊。随着互动的深化，师生之间的关系也得以进一步巩固，从而为校园文化的繁荣与发展奠定了坚实的基础。通过积极的互动，文化内容的创作与分享不仅限于课堂内的讨论，更多的是扩展到校园的各个角落。这种开放的交流机制促使学生和教师共同探索新的文化主题，开展更为丰富的活动。师生的合作不仅推动了校园文化的创新，也培养了学生的团队合作精神和创造力，为他们未来的发展提供了良好的支持。这种建立在互动基础上的社区不仅有助于校园文化的传播，更为学生的个人成长提供了丰厚的土壤。学生能够锻炼批判性思维，提升表达能力，并在多样的文化交互中找到自己的定位。这种成长体验对他们未来的学术和职业生涯将产生深远的影响，进一步推动校园文化的持续发展与繁荣。

---

① 郑岩. 新媒体时代下高校校园文化建设的困境与对策 [J]. 学理论, 2019, (12): 130-131.

四、校园文化活动的反馈与改进

在校园文化活动中,收集和分析参与者的反馈意见是非常重要的。通过这些反馈,我们可以了解活动的优点和不足,进而进行相应的改进,以提升活动的质量和效果。

(一)实时收集活动的信息反馈

新媒体平台为学校提供了一个高效便捷的渠道,能够实时收集参与者的反馈信息。"集知识性、科学性、艺术性、创新性于一体的高校校园文化在塑造灵魂、培养情操、潜移品性等方面具有相当大的影响力、渗透力和导向作用。"[①] 高校在开展校园文化活动过程中,借助在线问卷和评价系统,学生在文化活动结束后,可以迅速表达自己的看法和感受。这种及时反馈的机制使学校能够快速获取有关活动的多维度数据,涵盖参与者的满意度、活动亮点以及需要改进的方面。这种数据驱动的方法不仅提升了反馈的准确性,也为学校的决策提供了科学依据。通过这一机制,学校能够有效监测文化活动的效果。参与者的反馈使学校能够了解活动是否达到了预期目标,是否满足了学生的需求。当活动结束后,及时发放问卷让学生分享他们的看法,不仅让学校获得了宝贵的信息,也能让学生感受到自己的意见被重视。这种互动不仅加强了学生与学校之间的联系,还促进了校园文化的良性循环。

通过分析收集到的数据,学校可以识别出文化活动中的成功元素和不足之处。这种快速反馈的机制为学校提供了动态调整的机会,使其能够在活动举办后的短时间内进行总结与反思。这种敏捷的反馈过程不仅能够提高文化活动的质量,还能为未来的活动设计提供启示。学生无需面对面填写纸质问卷,可以通过手机或电脑轻松完成。这种便利性显著提升了参与者的积极性,使更多学生愿意提供反馈。随着反馈人数的增加,数据的代表性也得以增强,从而为学校提供更加全面和客观的视角来评估活动效果。

通过数据分析工具,学校能够将反馈结果以图表或统计数据的形式呈现,使

---

① 张学. 新媒体环境下高职校园文化育人模式研究 [J]. 南通职业大学学报, 2019, 33 (04): 42-46.

决策者能够更快地理解活动的影响。这样的可视化效果不仅提升了反馈信息的透明度，也便于校方进行讨论与决策，确保未来活动能够更贴合学生的兴趣和需求。当学生意识到他们的意见能够对活动的改进产生实际影响时，他们会更愿意表达自己的想法。这个反馈与参与的正向循环不仅增强了学生的归属感，也让他们对校园文化的建设充满期待与信心。学校也能够更好地进行活动的策划和设计。通过分析反馈结果，学校能够发现哪些类型的文化活动更受欢迎，从而在未来的活动中进行更有针对性安排。

（二）提升大学生校园文化活动体验感

通过鼓励学生在新媒体平台上积极分享他们的意见和建议，学校有效地让学生感受到自己的声音被重视。这种反馈机制不仅使学生能够参与到文化活动的改进过程中，更重要的是增强了他们对校园文化的归属感。当学生看到自己的建议被认真考虑并在后续活动中得以落实时，他们的参与热情会随之提升，变得更加积极主动。这种参与感的增强，显著推动了校园文化的多样性与活力。当他们意识到自己的意见对活动的改进产生了实际影响时，这种成就感能够激励他们在未来的活动中继续参与。这种参与不仅限于反馈，还包括对文化活动的组织和策划。学生能够感受到自己是校园文化建设的重要一员，从而增强了他们的责任感和使命感。

学生的意见往往能引发教师的关注与讨论。这种互动不仅增进了师生之间的理解与信任，也为双方提供了一个开放的交流空间。当学生的反馈被教师认真对待时，教师也会更加关注学生的需求与想法，从而进一步增强了师生间的互动关系。这种良性循环，不仅提高了活动的质量，也为校园文化的共同发展奠定了基础。当学生的声音被广泛听到，各种观点与创意相互碰撞，形成了一个充满活力的文化生态系统。这种多元文化的共存，不仅使校园文化更加丰富多彩，也为学生提供了更广泛的视野与选择。学生能够接触到不同的文化背景与观点，从而拓宽他们的思维，促进个人成长。

通过这种增强学生参与感的机制，学校还可以鼓励更多的学生表达自己的想法与创意。当更多的声音被纳入校园文化的讨论中，文化活动的策划将更加贴近学生的需求与兴趣。这种贴近性不仅提升了活动的参与度，还使得文化活动能够真正反映学生的愿望与追求，形成更加真实与有意义的文化体验。

(三) 推动校园文化活动的持续改进与创新

通过系统化的反馈收集，学校能够有效识别文化活动中的不足之处，从而进行针对性改进。这种机制不仅确保学校能及时应对参与者的需求，还鼓励每一次活动后进行深刻的反思和总结。通过分析参与者的反馈，学校可以明确哪些方面需要提升，哪些元素受到欢迎，从而更好地优化未来的活动安排。这样的反馈机制使得文化活动能够不断适应变化的需求，推动校园文化的不断演变。在每次活动后，学校能够根据收集到的反馈调整活动的形式和内容。这种灵活性使得学校可以迅速应对学生的兴趣变化，确保活动始终贴合他们的需求。例如，如果反馈显示某种活动形式不够吸引人，学校可以尝试引入新的互动方式或多样化的活动内容，以提升学生的参与体验。这种持续的改进过程使得校园文化活动不断创新，保持新鲜感和吸引力。

除了内容和形式的调整，学校还可以根据反馈优化宣传策略。学校能够识别出哪些宣传方式更有效，进而调整传播渠道和信息内容，以更好地触达目标群体。这种数据驱动的决策过程，不仅提高了文化活动的可见度，还增强了学生的参与感和认同感，让他们更加期待未来的活动。与此同时，这种创新循环不仅提升了文化活动的质量，也为校园文化的持续繁荣奠定了坚实的基础。当学校能够根据反馈不断优化活动，学生也会感受到更高的参与价值，这种积极的反馈将激励更多学生参与到文化活动中来。随着参与人数的增加，校园文化的多样性和活力得以提升。通过建立这种持续改进的机制，学校不仅能够更好地服务于学生，还能在文化活动中融入更多的创意和创新。这种创新意识的培养，能够激发学生的创造力，使他们在参与文化活动时，感受到更多的乐趣与成就感。校园文化不仅保持了活力，还不断向前发展，形成了一个充满活力和创造性的文化生态系统。

第三节 创新新媒体时代价值观教育的实践

在当今这个新媒体迅速发展的时代，价值观教育面临着前所未有的机遇与挑战。为了适应这一变化，我们需要创新教育方法，充分利用新媒体的优势，推动价值观教育的实践。

一、利用多媒体资源丰富教育内容

教育工作者可以充分利用各种多媒体资源，例如生动的视频、形象的动画以及互动性极强的图形，来丰富和充实价值观教育的内容。这些多样化的资源不仅能够以生动有趣的方式传达那些抽象的价值观念，还能借助具体的实例和引人入胜的故事来进一步加深学生对这些价值观的理解和认识。举例来说，教师们可以运用短视频来展示一些道德上的困境和挑战，让学生在观看这些视频之后，进行深入地讨论和反思。通过这种方式，学生们不仅能够更加深刻地理解价值观的内涵，还能在实际情境中学会如何运用这些价值观来指导自己的行为和决策。

二、创建互动式学习环境

新媒体技术的发展为教育领域带来了诸多创新的互动工具，使得教师能够通过各种方式来创建一个充满活力的互动式学习环境。例如，教师可以利用在线讨论平台，让学生们在虚拟空间中自由地交流思想和观点；通过实时投票系统，教师可以迅速了解学生对某个问题的看法，从而更好地调整教学策略；问答环节则为学生提供了直接向教师提问的机会，增强了师生之间的互动和沟通。

在这种互动式学习环境中，学生们不再是被动的知识接受者，而是积极地参与者。他们被鼓励主动表达自己的观点和感受，分享个人的经验和见解。通过这种互动，学生们可以从不同的角度审视各种价值观问题，从而拓宽自己的视野，增强对不同观点的理解和包容。此外，互动式学习环境还促进了思维的碰撞与思想的交流。学生们在讨论和辩论中不断挑战彼此的观点，激发了批判性思维的培养。他们学会了如何理性地分析问题，如何从多个角度思考问题，从而提高了自己的思维能力和解决问题的能力。总之，新媒体提供的互动工具不仅使学习变得更加生动有趣，还为学生提供了一个展示自我、交流思想的平台。通过这种互动式学习环境，学生们能够培养批判性思维和包容性态度，为未来的学习和生活打下坚实的基础。

三、实施情景模拟与角色扮演

情景模拟和角色扮演是实现价值观教育的重要方法之一。教师可以精心设计各种虚拟的场景，让学生在这些模拟的环境中亲身经历和体验不同的价值观冲突以及道德决策的困境。通过这种沉浸式的教学方式，学生能够更加深入地理解和反思自己在特定情境下的行为选择，从而有效地提升他们的道德判断能力和价值观素养。具体来说，教师可以创设一些贴近学生生活实际的场景，例如模拟校园欺凌、环境保护、诚信考试等情境。在这些情境中，学生可以扮演不同的角色，如受害者、旁观者、施暴者等，从而从多个角度去理解和感受事件的复杂性。通过这种角色扮演，学生不仅能够更好地理解他人的处境和感受，还能学会如何在现实生活中做出更负责任和道德的决策。此外，情景模拟和角色扮演还可以激发学生的同理心和批判性思维。当学生在模拟的情境中体验到不同角色的情感和心理状态时，他们会更加关注他人的感受和需求，从而培养出更强的同理心。同时，通过讨论和反思模拟情境中的各种选择和结果，学生能够锻炼自己的批判性思维能力，学会从多个角度分析问题，形成更加全面和深入的见解。总之，情景模拟和角色扮演作为一种有效的价值观教育手段，不仅能够让学生在模拟的环境中体验和反思不同的价值观冲突和道德决策，还能够全面提升他们的道德判断能力和价值观素养，为他们成为有责任感和道德感的公民打下坚实的基础。

四、推动社会实践与志愿服务

新媒体技术的迅猛发展为学生参与社会实践与志愿服务提供了更为便捷和广泛的平台。学校可以充分利用各种社交平台，如微信、微博等，积极宣传各类公益项目和社会服务活动，从而激发学生的参与热情。通过这些平台，学校可以发布活动信息、分享志愿者故事、展示服务成果，让学生更直观地了解参与社会实践的意义和价值。此外，新媒体还可以为学生提供一个交流和分享的平台，让他们在参与活动的过程中，能够及时分享自己的体验和感悟，与其他同学进行互动和讨论。这种互动不仅能够增强学生的参与感，还能激发他们的创造力和团队协作能力。通过实际的社会参与，学生不仅能够将课堂上学到的理论知识与现实生活中的实践相结合，还能在服务过程中亲身感受到社会责任和担当。他们在帮助他人的同时，也会深刻体会到自己的价值和意义，从而进一步内化积极的价值观念，培养良好的公民意识和社会责任感。总之，新媒体在促进学生参与社会实践与志愿服务方面具有独特的优势。学校应充分利用这些技术手段，为学生提供更多参与社会服务的机会，帮助他们在实践中成长，成为具有社会责任感和担当的优秀青年。

五、建立持续的反馈与反思机制

教师可以通过多种方式，如在线调查、讨论论坛和社交媒体等，积极收集学生对价值观教育实践的反馈意见。这些反馈不仅有助于教师深入了解学生对相关课程内容的理解程度，还能帮助教师掌握学生的真实需求和困惑。通过这些宝贵的信息，教师可以有针对性地调整和改进教学方法和课程内容，从而提高教学效果。定期进行反思和改进，确保价值观教育更具针对性和有效性，形成一个良性循环，不断优化教育过程，提升教育质量。

第七章 新媒体时代高校价值观教育评估反馈机制创新

在新媒体时代，高校价值观教育评估反馈机制的创新显得尤为重要。随着信息技术的迅猛发展，新媒体平台如微信、微博、短视频等已成为大学生获取信息和交流思想的重要渠道。因此，传统的价值观教育评估反馈机制已经难以满足当前的需求，必须进行创新以适应新媒体环境。

第一节 高校价值观教育效果的评估原则

高校价值观教育效果的评估原则是指在高校进行价值观教育的过程中，为了确保教育效果的科学性、合理性和有效性，需要遵循的一些基本原则。

一、明确评估目标原则

在高校进行价值观教育效果评估的过程中，明确评估目标是第一步也是关键一步。"思想政治教育评估是依据一定的标准，运用测量和统计分析方法，对思想政治教育的过程及其实际效果进行质的评判和量的估价的活动。①"这一原则强调评估目标应与教育的核心宗旨紧密相连，确保所设定的目标能够反映出学校在价值观教育中所期望达到的具体成果。例如，学校可以明确希望学生在价值观方面的理解深度，包括对核心价值观的认知与内化程度，这样的目标不仅具有指导性，还能够为教育实践提供明确的方向。为了确保评估目标的有效性，学校应考虑多维度的价值观成果。这不仅包括学生的知识掌握情况，还应涵盖他们态度

---

① 张耀灿，郑永廷，吴潜涛等著. 现代思想政治教育学 [M]. 北京：人民出版社，2006：346.

的变化和行为的实际转变。通过设定这些具体的目标，学校能够更全面地评估教育效果，从而发现学生在价值观教育中的成长与不足。此外，明确目标有助于学校制定相应的评估指标，确保评估的科学性与针对性，使得评估结果能够真实反映出教育的实际成效。

在设定评估目标时，学校还需考虑学生个体差异。不同的学生在价值观的接受程度、认知方式和学习背景上存在差异，因此评估目标应具有一定的灵活性，以适应多样化的学生需求。通过关注个体差异，学校能够制定更具包容性的目标，使得每个学生在价值观教育中都能找到适合自己的学习路径，从而提升整体教育效果。此外，明确评估目标还有助于激励学生参与价值观教育的积极性。当学生清楚自己在价值观教育中的学习目标时，他们更可能主动参与到相关活动中。这种主动性不仅能提高学生的参与度，还能促使他们在价值观教育中更加投入。学校可以通过定期与学生沟通评估目标，及时更新和调整这些目标，以确保它们始终与学生的实际需求相符。

在评估目标的制定过程中，学校也应重视教师的参与。教师作为价值观教育的直接实施者，他们的专业判断和经验对于目标的设定至关重要。通过教师与管理层的协作，学校能够确保评估目标既具有学术性，又能贴近实际教学。此外，教师的反馈可以为目标的调整提供宝贵依据，使得目标更具可操作性。通过定期评估与反馈，学校能够了解在实现目标方面的进展，从而及时调整教育策略。这种反馈机制不仅促进了教育质量的提升，还为学校的长远发展奠定了基础。通过持续的评估与改进，学校能够更有效地实现价值观教育的预期效果，培养出更符合社会需求的优秀人才。

二、多元化评估方法原则

在进行高校价值观教育效果评估时，采用定量与定性相结合的评估方法，可以从不同维度全面了解学生对价值观教育的反应。例如，教育者能够快速获取大量的定量数据，了解学生对价值观的理解和认同程度。这种方法不仅便于分析，还能为后续的教学调整提供依据。通过与学生进行深入访谈，教师可以获得更为详细的个人观点和情感反应，这些信息能够揭示问卷无法反映的深层次问题。观察学生在课堂讨论或活动中的表现,能够提供关于他们参与程度和态度变化的直接证据。这种定性数据的收集与分析,能够为评估提供更丰富的背景和情境,使得评估结果更具深度。

多元化的评估方法不仅能够提高数据的全面性,还能增加评估结果的可信度。当定量和定性数据相互印证时,教育者对学生价值观教育效果的理解将更加全面准确。例如,如果问卷结果显示大多数学生对某一价值观有较高的认同,而访谈中也反映出他们在日常生活中积极践行该价值观,则可以较为确信教育活动取得了实质性成果。在评估过程中,教师能够通过不同方法获得的反馈,识别出教学中的成功之处与不足之处。这种反思机制能够促使教师不断优化课程设计与教学方法,从而更有效地促进学生的价值观发展。采用多元化评估方法的原则还有助于增强学生的参与感。当学生看到自己的意见通过访谈或观察被记录和分析时,他们会感到自己的声音被重视。这种参与感能够激励学生在价值观教育中更加积极主动,从而形成良性的互动关系。

三、过程与结果并重原则

在高校价值观教育效果的评估中,过程与结果并重的原则显得尤为重要。评估不仅应关注最终的教育结果,还需重视教育过程的有效性。通过对教育过程的评估,教师能够获得关于教学方法的有效性、学生参与度以及学习氛围的宝贵信息。这种关注使教育活动不仅停留在形式层面,更能深入理解其对学生价值观内化和转变的实际影响。在实施价值观教育时,教师可以通过观察课堂互动、学生反馈和参与度等方面进行过程评估。例如,教师可以关注学生在讨论中的发言频率、互动质量以及对教学内容的理解程度。通过这些指标,教师可以判断教学方法是否有效,进而调整课程设计,以提高学生的参与感和学习效果。

在教育过程中,学生的体验和感受至关重要。通过建立有效的反馈机制,教师可以鼓励学生分享他们的想法和意见。这样的互动不仅能增强学生的参与感,还能让教师更好地了解学生在价值观教育中的需求与挑战。这种双向反馈的过程有助于营造一个积极的学习环境,使学生在反思中深化对价值观的理解。最终的教育成果是衡量价值观教育效果的重要依据。然而,单纯关注结果可能导致教育活动流于形式。只有将过程和结果结合起来，才能全面评估教育效果。通过对过程的深入分析，教育者能够为结果的达成提供更有力的支持，从而确保学生在价值观教育中的真正成长。定期进行过程评估可以为学校的教学改革提供重要依据。当教师清楚地知道哪些教学方法有效、哪些环节需要改进时，他们能够迅速调整策略，优化教学设计。这种基于数据和反馈的改进机制，不仅能提升教育质量，也为学生创造了更加良好的学习体验。

四、学生主体性原则

评估过程应当鼓励学生积极参与，通过自我评估和同伴评估等方式，让他们成为评估的主动参与者。这种参与不仅能够增强学生的反思能力，还能提升他们对价值观教育的认同感和责任感，使他们在教育过程中扮演更为积极的角色。学生自我评估的实施能够促使他们深入思考自己的学习过程和价值观认知。通过反思自己的学习经历和所获得的价值观，学生能够更清晰地认识到自己的成长与不足。这种自我评估的方式，不仅帮助学生确认自己的学习成果，还激励他们制定更具针对性的学习目标，从而在今后的教育活动中更加积极主动地参与。

当学生在小组活动中对彼此的表现进行评估时，他们不仅能获得多元的反馈，还能在互相交流中拓宽视野。学生可以了解不同观点和思维方式，从而加深对价值观教育的理解。这种互评机制也能提升学生的批判性思维能力，使他们在评估他人时更加理性和客观。评估往往是教师单方面进行的，学生的声音容易被忽视。而通过引入学生参与评估的环节，他们的意见和建议将被认真对待。这种做法不仅让学生感受到自己的意见被重视，也能够激励他们更好地投入价值观教育中，推动他们成为更负责任的学习者。

当教师在评估过程中尊重学生的声音时，师生关系将变得更加融洽。教师能够通过学生的反馈了解他们的需求与期望，增强课程的针对性与有效性。这种互动不仅提升了教学质量，也为学生提供了更好的学习体验，使他们在价值观教育中感受到归属感和参与感。尊重学生主体性的评估原则，有助于形成良好的校园文化。通过鼓励学生积极参与评估，学校能够培养出更加开放、包容的学习氛围。学生不仅能够自由表达自己的观点，还能相互尊重与理解，促进多元文化的共存。这种积极的校园文化氛围，能够进一步推动价值观教育的深入发展，使学生在多样性的环境中成长为更具社会责任感和人文关怀的人。

五、持续性评估原则

持续性评估原则强调评估不仅仅是一个阶段性的任务，而应视为一个持续的、动态的过程。定期的评估能够帮助教师及时了解教育效果、调整教学策略，从而确保价值观教育的有效性和适应性。通过定期收集学生的反馈，教师可以更深入地了解教学活动的有效性。例如，在课程的不同阶段进行小型评估，可以让教师了解学生对课程内容的掌握程度和态度变化。这样的实时反馈机制使教师能够迅速识别出教学中的问题，以提高教育效果。在不断变化的社会背景下，学生的需求和价值观念也在不断演变。通过定期评估，教师可以获得关于社会变化及其对学生价值观影响的新信息，这些信息能够为课程的更新和改进提供依据。例如，教师可以在评估中发现学生对某些新兴社会议题的兴趣，从而及时调整教学内容，加入相关的讨论与案例分析，以更好地满足学生的学习需求。

当评估成为一个常规活动时，师生之间的互动将更加频繁。学生在评估中表达自己的意见和感受，教师也可以根据这些反馈与学生进行深入的对话。这种互动不仅增强了师生之间的信任与合作，还促进了学生的参与感与归属感，使他们在价值观教育中感到更为积极。通过持续性评估，学校还能够形成一套系统化的评价标准和机制。这不仅有助于教师在教学中保持一致性，还有助于为未来的教学改革提供依据。通过对历次评估数据的分析，教育者可以识别出哪些方法有效，从而形成基于数据的决策。这种系统化的评估方式也为后续的价值观教育研究提供了实证基础，推动教育理论与实践的结合。价值观教育不仅是为了当下，更是为了学生未来的发展。定期评估能够帮助教育者确保教育活动与学生未来所需的社会技能和价值观念相一致，从而为学生的全面发展奠定基础。这种关注长期效果的评估方法，不仅提升了教育的质量，也为学生的社会适应能力提供了保障。

第二节　新媒体平台上学生价值观反馈的分析与应用

"新世界的发展、两个世界的交叠,给穿行其间的我们提供了创新价值的独特机遇"[①],伴随着大数据、人工智能、虚拟现实等现代新媒体信息技术的不断应用,技术运用于高校价值观教育实践,能够将以往空洞的教育归为鲜活、具象的展示形式,通过智能数据采集、对象精准刻画等在线评估调适环节,能够更加科学、精准、高效地实现高校大学生价值观教育的效果。

一、新媒体平台学生价值观反馈的分析

(一) 数据收集与整理

学生的价值观反馈通过多种方式得以表达,如评论、点赞和分享等。这些反馈为教育者提供了宝贵的数据来源,能够深入了解学生的思想动态和价值观念。数据收集是整个分析过程的起点。教师和研究者可以通过设定关键词和话题标签,系统地收集与价值观教育相关的所有评论和反馈。这一过程不仅要关注数量的积累,更要重视信息的多样性,以确保涵盖不同学生的观点。在收集到大量反馈后,教师需要对这些数据进行系统整理。这通常包括将反馈按主题或类别进行分类,识别出不同价值观的表现形式。这种分类能够帮助教育者清晰地看到各类反馈的分布情况,了解哪些价值观在学生中得到了广泛认同,哪些则可能面临质疑或反对。

通过对评论内容进行关键词提取,教育者能够识别出学生在反馈中反复提及的核心概念。这不仅能够揭示出学生对特定价值观的关注点,还能反映出他们的思维模式与情感倾向。例如,当许多学生在评论中提到"责任感"或"诚信"等关键词时,这可以表明这些价值观在他们的认知中占据了重要位置。在数字技术营造的具象化空间中,依托现代信息技术渲染的逼真情景,学生通过真实的体

---

① [韩] 金相允. 元宇宙时代 [M]. 刘帅, 译. 北京: 中信出版社, 2022: 前言47.

验与感知、分析与研判、谙可与选择等各种心理活动，实现由远及近、由浅至深、由隐到显、由虚到实的效果。与此同时，情感分析能够帮助教育者理解学生对特定价值观的态度，"共情"作为心理上的重要概念，是指个体"感觉和理解他人的情绪并作出适当反应的能力"①，价值观通过新媒体技术运用自然语言处理技术，教师可以对评论内容进行情感倾向的分析，判断学生的反馈是积极的、消极的还是中性的。这种分析方法不仅可以量化学生的情感反应，还能提供更为丰富的背景信息，帮助教育者在价值观教育中作出更为细致的调整。当教育者了解学生对不同价值观的认同程度与情感倾向后，他们可以据此制定更加有效的教育策略。通过这种数据驱动的方法，学校能够确保价值观教育的内容与形式都能与学生的需求保持一致，从而提升教育效果。

（二）定量与定性分析结合

定量分析为教育者提供了一个量化的视角，通过统计工具对反馈数据进行整理和分析，可以清晰地看到不同价值观认同的比例和热度。这种方法允许教师在海量数据中迅速识别出趋势和模式，例如，某一价值观的赞同率是否在上升，或者特定群体对某些价值观的态度是否存在显著差异。定量分析可以通过问卷调查的形式获得数据，教师可以设计包含多个维度的问题，以了解学生对各类价值观的认同程度。通过计算这些数据，可以生成相关的图表和统计指标，使得反馈信息更加直观。例如，使用柱状图或饼图展示各个价值观的认同比例，能够帮助教师快速识别哪些价值观在学生中较为流行，哪些则需要进一步关注和引导。

单纯依靠定量数据可能无法揭示学生的深层次情感与观点，因此，定性分析同样不可或缺。定性分析侧重于对学生反馈内容的深入探讨，通过分析评论、访谈和讨论等方式，教师能够捕捉到学生对特定价值观的具体理解和感受。这种方法强调的是对每个学生声音的尊重，能够反映出他们的个体差异和复杂性，进而帮助教育者把握学生在价值观教育中的真实需求。定性分析可以通过对评论内容进行逐句分析，识别出学生的主要观点和情感倾向。这种方式不仅可以揭示出学生对某一价值观的支持或反对，还能帮助教师理解他们为何产生这样的情感。例

---

① 官奕聪，吕欣. AI 虚拟主播的具象化情感表达设计研究 [J]. 传媒，2020（23）：35-37.

如，学生可能对某一价值观表示赞同，但在评论中也提到了一些疑虑和反思，这种深层次的反馈信息对于教育者来说是极为重要的。

通过对定量数据的统计分析，教师可以获得关于学生认同趋势的宏观视角，而定性分析则能提供微观的个体体验和情感。这种结合不仅能够帮助教师及时识别教育中的问题，也为后续的教学调整和改进提供了坚实的依据。此外，定量与定性分析的结合还有助于形成反馈的整体性视图。当教师能够在数字与故事之间架起桥梁时，他们不仅能够看到数据背后的趋势，还能理解这些数据所代表的学生声音。这种全面的理解使得教师能够在教学设计中更加灵活地应对学生的需求，确保价值观教育能够真正产生积极的影响。通过这种综合性的分析，教育者能够在制定课程目标和策略时，真正做到以学生为中心，促进他们在价值观方面的深入成长与发展。

（三）识别趋势与问题

在对新媒体平台上学生价值观反馈进行系统分析时，教师能够识别出价值观教育中的趋势与潜在问题。利用现代新媒体技术让难以直接显示、有效显现的事物，如人的思想、情感详情、心理波动、情绪动态等，通过虚拟现实、物联网、脑机接口等现代设备实现科学读取、有效识别，获得更加数字化、图像化的展示。[1] 通过数据的整理与分析，教师不仅能获得整体的反馈概览，还能够发现特定群体对不同价值观的认同差异。例如，某些价值观如"诚信"或"责任感"可能在大多数学生中受到高度认同，而另一些如"环保意识"或"社会责任"则可能面临挑战。这种识别能力为教育者提供了宝贵的信息，帮助他们了解当前价值观教育的实际状况。通过对反馈数据的深入分析，教师可以发现趋势背后的原因。比如，如果一项特定的价值观在某个学科或年级中得到了更高的认同，教育者可以探讨这是否与该领域的课程内容或教学方法有关。这种分析有助于识别成功的教育实践，从而在其他领域推广相似的策略。反之，如果发现某些价值观的认同度较低，教师可以进一步调查原因，了解是否由于教育内容的缺失、学生的理解偏差或社会文化因素影响。

---

[1] 刘亮. 数字化时代思想政治教育方法论创新研究 [D]. 江西财经大学，2023.

通过反馈，教师可以及时发现学生对某些价值观的困惑和抵触情绪。例如，若许多学生在反馈中表达对"国家责任"这一价值观的不同看法，这可能表明学生在理解该价值观时存在误区或不同的社会经历。认识到这些问题后，教师可以采取相应措施，例如，通过讨论、讲座或案例分析等方式，帮助学生澄清理解，增强对价值观的认同。教师通过这些趋势和问题的识别，可以更好地调整教学策略。例如，在发现某个价值观的认同度较低时，教师可以有针对性地设计课程，引入相关的社会案例或历史背景，让学生在真实情境中思考和讨论。这种方法不仅可以激发学生的兴趣，也能提升他们对该价值观的理解和接受度。

二、基于新媒体平台反馈信息的应用

(一) 优化课程设计

在新媒体平台上收集到的学生反馈为教师优化课程设计提供了重要依据。根据学生对各类价值观的认知和兴趣，教师能够针对性地调整课程内容和教学方法，以确保教育更贴近学生的实际需求。教师可以通过分析学生的反馈数据，识别出哪些价值观受到了广泛关注，哪些则相对冷淡。如果发现某一价值观的兴趣不高，教师可以主动采取措施，增加与该价值观相关的案例分析和讨论。例如，假设学生对"社会责任"的认同感较低，教师可以设计一系列与社会责任相关的项目和案例，让学生在具体情境中讨论和思考。这种实践性教学不仅能够提高学生对该价值观的理解，还能激发他们的参与感与兴趣。当学生在讨论中看到他人的观点与自己相互碰撞时，他们更容易形成对该价值观的深刻认知，从而增强内化过程。

教师还可以通过小组活动和互动讨论的形式，让学生在反馈中表达对特定价值观的看法与感受。"思政课教师不能一味只讲政治话语在，把价值导向的意识形态话语简单复制、照搬照抄到课堂上，而是要坚持与时俱进，从大学生感兴趣的'热搜'中找寻话语素材和题材，将理论的宏大叙事与现实生活结合起来。"[1] 这种互动不仅有助于学生之间的思想交流，还能激发他们对课程内容的主动探

---

[1] 李紫娟. 新媒体技术融入高校思政课教学的改革挑战及其应对策略 [J]. 山西高等学校社会科学学报, 2024, 36 (09): 41-46.

索。通过引导学生参与到课程设计中，教师可以确保教学内容更具针对性和吸引力，进而提升整体的学习效果。基于学生反馈的课程调整使教师能够实时响应学生的变化需求。在快速发展的社会中，学生的价值观念和兴趣点也在不断变化，教师需灵活应对这种变化。通过定期收集反馈，教师可以不断更新教学内容，确保其与时代同步，反映出当下社会热点与学生关注的议题。这种动态调整能够有效提升课程的相关性和实用性，促进学生的积极参与。

优化课程设计不仅提高了学生对价值观教育的兴趣，也增强了他们的学习动机。当学生感受到课程内容与自身经验和观点的联系时，他们更有可能积极参与讨论和学习，从而实现教育目标的最大化。通过这种基于反馈的课程调整，教师不仅提升了教学质量，更为学生的全面发展创造了良好的条件。

（二）明确教师价值观引导的着力点

通过对学生反馈的分析，教师能够及时识别学生的关切和建议，这为双方之间的沟通提供了便利。教师可以直接在平台上对学生的评论进行回应，这种即时的互动不仅展现了教师对学生意见的重视，还增强了师生之间的信任关系。当学生看到自己的反馈得到了积极回应时，他们会感受到自己的声音被重视，从而增强参与感和归属感。当教师积极回应学生的关切时，学生更愿意表达自己的观点和想法。思政课教师可借助新媒体平台，专门设立相关线上课程，旨在通过该平台向大学生推荐优质的历史普及读物、经典的文艺作品以及先进的革命英雄事迹等学习资源，以促进其理论知识的深化学习。同时，教师可利用网络平台开设教育论坛，就当前社会热点问题与学生展开观点互动与看法交流，解答他们在学习社会历史事件或人物时所产生的疑惑，并进一步剖析和批判各种错误思潮，以维护学术的严谨性与正确性[①]。这种互动不仅仅局限于反馈，教师还可以主动引导讨论，鼓励学生分享他们对特定价值观的理解与看法。例如，教师可以在新媒体平台上发起主题讨论，让学生围绕某一价值观展开交流。学生不仅能够聆听同伴的见解，还能从不同的视角深入理解相关价值观。

---

① 李紫娟.新媒体技术融入高校思政课教学的改革挑战及其应对策略[J].山西高等学校社会科学学报，2024，36（09）：41-46.

增强师生互动也有助于教师及时了解学生在价值观教育中的真实感受。通过定期收集和分析反馈，教师可以识别出学生在学习过程中遇到的困难与挑战。例如，如果学生普遍对某个价值观存在误解或抵触情绪，教师可以据此调整教学策略，采取更为针对性的教学方法，以帮助学生克服这些障碍。这种灵活性在教学中尤为重要，有助于保持学生的学习动机。学生在互动中不仅仅是信息的接受者，更是学习的主动参与者。当他们感受到自己在课堂讨论中的重要性时，会更积极地投入学习中。这种参与感使得学生更容易内化所学的价值观，并将其应用于实际生活中，从而实现教育目标。整体来看，基于新媒体平台的反馈机制，师生之间的互动变得更加频繁与有效，进而推动了价值观教育的深入开展。

（三）持续改进高校价值观教育评估机制

学生的价值观反馈为评估机制的持续改进提供了重要依据，教育者可以据此定期审视和优化评估标准与方法。通过对学生反馈的系统分析，教师能够识别出当前评估机制中的不足之处，例如，某些评估标准可能与学生的实际情况不符，或者某些评估方法无法有效衡量学生的价值观内化程度。根据这些反馈，教师可以针对性地调整评估内容，确保评估更具针对性和实用性。教师在评估过程中若能够及时响应学生的反馈，调整评估方式，就能更好地反映出学生的真实学习情况。例如，如果学生在反馈中指出某种评估方式过于单一，无法全面评估其价值观的理解和态度，教师可以考虑引入多元化的评估手段，如结合自我评估、同伴评估和教师评估，以形成更为立体的评估体系。这种多样化的评估方式能够全面反映学生在价值观学习中的发展状况。

当学生看到评估标准和方法与自己的反馈紧密相连时，他们更容易理解评估的意义和目的。这种透明性能够增强学生的学习动力，使他们在价值观教育中更加主动参与。若评估标准能够真实反映出学生在价值观方面的认知与行为变化，学生会更加愿意投入精力去学习和反思。基于学生反馈的评估改进过程也能够形成良性的反馈循环。教师在实施新的评估标准后，继续收集学生的反馈，检验新标准的有效性和适用性。通过不断试验和调整，评估机制能够在实践中逐渐完善，最终达到最优状态。这种持续的改进过程不仅有助于提升教育质量，也为学生提供了更为丰富和有意义的学习体验,从而促进其价值观的内化与发展。

(四) 推动新媒体校园文化建设

通过分析学生的价值观反馈,学校能够识别出对校园文化建设具有重要影响的多种因素。这些反馈不仅揭示了学生对现有校园文化活动的态度和期望,还反映出他们对校园文化认同的深层次需求。例如,学生可能对某些文化活动表示积极参与,而对其他活动则缺乏兴趣。这种信息为学校制定更具针对性的文化活动提供了坚实依据,能够有效提升学生的参与感和归属感。学校可以根据反馈中的共性和特征,设计与学生需求相匹配的文化活动。例如,若反馈显示学生对环境保护和可持续发展等议题表现出浓厚兴趣,学校可以组织相关主题的讲座、工作坊或志愿活动,鼓励学生参与。这类活动不仅能提升学生对校园文化的认同感,还能够增强他们对社会责任的意识,从而促进校园文化的多样性和活力。

结合学生反馈,学校还可以优化现有的文化活动,提升其吸引力和参与度。通过分析学生的意见,学校能够了解哪些活动受到了热烈欢迎,哪些则急需改进。例如,若某次文艺汇演未能引起学生的关注,学校可以借助反馈信息来分析原因,调整演出内容或形式,以更好地迎合学生的兴趣和期待。这种不断优化的过程不仅能够提升文化活动的质量,还能增强学生的参与积极性,进而促进校园文化的繁荣。此外,学校在推动校园文化建设时,还应注重鼓励学生自主发起文化活动。学生可以分享自己的想法和建议,主动组织文化活动。学校可以通过反馈机制识别出有潜力的学生群体,支持他们开展各种文化活动,增强学生的主动性和创造性。这种自下而上的文化建设方式,不仅能丰富校园文化内容,还能培养学生的领导能力和团队合作精神。

积极推动校园文化建设的措施,不仅对学生的全面发展有着积极影响,还能为学校营造一个良好的文化氛围。通过不断优化文化活动、增强学生参与感,学校可以形成一种积极向上的校园文化,促进师生之间的互动与交流。这种良好的文化氛围将有助于学生在价值观的学习与实践中不断成长,实现其个人发展与社会责任的有机结合,从而为校园的持续繁荣奠定坚实基础。

第三节 数据驱动的高校价值观教育动态评估机制

高校价值观教育作为有意识、有目的的高校育人活动，既体现出育人主体的主观能动性，也体现出育人客体的需求满足程度。① 基于数据驱动的高校价值观教育动态评估机制，是指通过收集和分析大量的教育数据，来评估和优化高校价值观教育的效果和过程。这种机制能够实时监测教育活动的进展，及时发现和解决问题，从而提高教育质量和效果。

一、评估指标确定及标准

（一）基于大数据的信息反馈

建立动态评估机制的首要步骤在于通过多渠道收集与学生价值观教育相关的数据。大数据技术以及人工智能技术是新媒体时代信息技术的重要组成部分，将其应用在高校价值观教育中，可以实现教育内容的精准推送。在开展教育工作之前，教师可以利用大数据技术，对学生的学习行为、兴趣偏好等数据进行收集和分析，了解学生学习的需求和特点，获取学生对不同价值观的认同程度、参与文化活动的感受以及对课程内容的反馈。通过人工智能技术，对学生学习、提问、讨论的过程进行智能化分析，识别学生学习的难点和疑惑点，基于这些分析结果，线上教学平台可以直接为学生推送相应的教育内容和学习资源，帮助其解决学习中存在的问题，以此提升思维学习效果②。这种方法不仅便捷，还能够迅速获取大量数据，使教育者能够量化学生的态度和行为，为后续分析提供基础。教师可以在课堂上设置开放性问题，鼓励学生即时表达他们的看法与感受。这种直接的互动能够捕捉到学生对课程内容的真实反应，使教师能够及时了解学生的思想动态，调整教学策略。此外，通过小组讨论、论坛或学习小组，教师能够深入了解学生对特定价值观的理解和感受，从而形成更为丰富的数据背景。

---

① 田树学. 新时代高校网络思想政治教育质量评价研究 [D]. 东北师范大学，2022.
② 韩磊：《新媒体技术在高校思政教育中的应用研究——评〈全媒体环境下高校思政教育新探索〉》，载《传媒》，2022（13）：100页。

社交媒体评论和讨论平台同样是关键的反馈渠道。许多学生倾向于在社交媒体上分享他们的观点与体验。高校可以通过分析社交媒体上的讨论和评论，获取学生在非正式场合下的真实看法。这种平台上的反馈往往更具真实性，因为学生在此环境中更为放松，能够自由表达他们的思想和情感。因此，教育者通过对这些评论的分析，可以识别出学生对校园文化的认同度及其价值观的内化过程。通过多种渠道的结合，高校能够确保信息的全面性和多元化。这种多样化的数据收集方式不仅帮助教育者获得更为立体的学生视角，也为后续的分析和决策提供了可靠的依据。最终，综合这些数据将形成更准确的学生画像，进而推动高校价值观教育的有效实施与改进。

（二）定量与定性数据的结合

在数据收集过程中，高校应同时关注定量与定性数据的获取，以全面了解学生在价值观教育方面的真实想法与需求。定量数据能够通过统计分析揭示学生对特定价值观的认同程度及其变化趋势。教师利用在线教学平台直接获得学生线上学习的各类信息，教育者可以设计一系列封闭式问题，要求学生在量表上进行评分，整合学生的所有数据，借助数据分析功能，将学生的学习效果进行量化，并建议数字化的学生个人成长档案[1]。这种方式使得数据具有较高的可比性和可统计性，从而可以量化学生对不同价值观的认同度，并对比不同群体之间的差异。定性数据则通过分析学生的具体评论和意见，深入理解他们的情感态度和价值观内化的过程。开放式问题和讨论平台为学生提供了表达个人观点的机会，教育者可以对这些反馈进行内容分析，识别出学生所关心的主题和情感。这种定性分析能够揭示出学生在面对特定价值观时的情感反应与思考过程，从而补充定量数据所缺乏的深度和细腻性。

在许多情况下，定量数据可以显示出某一价值观在大多数学生中的认同程度，但并不能解释背后的原因。通过引入定性数据，教育者能够理解学生为何对某一价值观持积极或消极态度。例如，如果定量数据显示某个价值观的认同度较

---

[1] 朱毅萌，张璐. 新媒体技术对高校思政教育的模式影响研究[J]. 新西部，2024，(08)：159-161.

低,定性分析可以揭示出可能的原因,如学生对这一价值观缺乏深入理解或对其实际应用的怀疑。在制定课程和活动时,教育者可以依据定量数据调整课程重点,而定性数据则可以指导教育者在教学方法上作出相应的改进。例如,如果学生在定性反馈中表达出对某一文化活动形式的偏好,教育者可以在后续的活动中进行相应的调整,以提高参与度和满意度。

(三) 数据整合与学生具象形成

数据收集后,教育者需要将定量与定性数据进行系统整合,以形成全面的学生画像。这个整合过程首先涉及对数据的分类和汇总。教育者应根据不同的指标,将数据按主题、内容或来源进行组织,确保每个数据类别都能清晰地反映出学生对价值观的认知和态度。在此基础上,通过对数据进行交叉分析,可以发现不同数据之间的相互关系,为后续分析提供更深层次的洞见。在整合过程中,定量数据的统计结果与定性数据的具体评论可以相互补充。例如,教育者可以通过定性数据分析,了解学生的具体担忧或误解,从而为问题的解决提供线索。这种互补性使得教育者在分析学生反馈时,能够更全面地把握学生的真实想法与情感态度,从而形成更为细致的学生画像。

形成的学生画像不仅展示了学生在价值观方面的总体趋势,还能够揭示个体之间的差异。例如,通过数据整合,教育者可能会发现某些学生群体对特定价值观的高度认同,而另一些群体则表现出较大的疑虑。这些信息有助于教育者理解不同背景和经历的学生在价值观教育中的需求与挑战,使他们能够更有效地调整教学策略。此外,全面的学生画像为制定有针对性的教育策略奠定了基础。教育者可以基于学生画像中的信息,设计个性化的教育方案,以满足不同学生的需求。比如,对于那些对某些价值观持疑虑的学生,教育者可以提供更多的讨论和引导,帮助他们深入理解相关内容;而对于表现出较高认同度的学生,则可以鼓励他们在课堂外积极参与相关活动,以进一步巩固和拓展他们的理解。通过这样的数据整合与学生画像形成,高校能够有效提升价值观教育的针对性和有效性。这不仅有助于教育者更好地把握教学方向,也能够促进学生的全面发展,使其在价值观的学习与内化过程中更具主动性与参与感。最终,这种系统化的评估机制将为高校的价值观教育提供持续的动力，确保教育目标的实现与优化。

二、动态分析与反馈

（一）实时监测学生反馈

通过建立动态分析系统，高校能够实时监测学生在价值观教育中的变化趋势。这一系统首先依赖数据分析工具，定期收集和评估学生的反馈信息，涵盖参与度、满意度和认同感等关键指标。教师能够设定特定的时间节点，自动生成反馈报告，从而迅速识别出学生对不同价值观的反应。"新媒体的即时性和互动性特点，使思政教育工作者可以迅速响应社会变化，将时事新闻、热点话题和学习关心的问题融入教学内容，增强教育的时效性和关联性。"[1] 这种实时监测机制不仅为教师提供了丰富的信息基础，也使他们能够动态调整教学策略。数据分析显示某一课程内容的参与度明显下降时，教师可以立刻审视该部分的教学设计。教师可以探究参与度下降的具体原因，是否由于内容缺乏吸引力、教学方式不够互动，还是学生对该价值观的理解存在障碍。这种系统化的反馈过程，能够帮助教师及时发现问题并进行针对性调整，从而提升学生的参与感和兴趣。

教育者不仅能够应对当前的问题，还能预测学生未来可能的反应。例如，若某一价值观的认同度在一段时间内逐渐下降，教师可以提前采取措施，通过增加相关讨论或案例分析，帮助学生重新建立对该价值观的认同。这种预见性反应能力，使得教育者能够在教学过程中更为灵活和适应。此外，动态分析系统的建立，也为教师提供了持续反思和改进的机会。通过对反馈数据的定期审视，教师可以逐步完善教学内容和方法。例如，他们可以发现哪些教学环节最受学生欢迎，哪些则需要改进，从而不断优化课堂设计。这种持续的改进不仅增强了教育效果，也使学生在学习过程中感受到更高的参与感和归属感，进而促进他们的价值观内化。

（二）快速响应教学需求

当动态分析系统揭示出某个价值观的认同程度在短期内显著下降时，教育者

---

[1] 王泽红. 新媒体环境下高校思政教育优化策略研究 [J]. 新闻研究导刊，2024，15 (15): 171-176.

能够迅速采取措施进行调整。这种灵活的响应机制使得教学内容和方法能够实时优化，以适应学生的实际需求。"大数据为网络思政提供了海量、多元的信息资源，使得高校思政工作能够更全面地了解社会民意、关注学生需求"①，例如，教师可以增加课堂上的互动环节，鼓励学生参与深入讨论，借此促进他们对该价值观的理解和认同。这不仅提升了课堂的活跃度，还帮助学生从不同角度思考问题，深化对价值观的内化过程。此外，教师还可以通过补充案例和实际应用来增强课程的吸引力。例如，当发现某个价值观的认同度较低时，教师可以引入与学生生活相关的真实案例，让学生在情境中分析和讨论。这种方法不仅使抽象的价值观变得具体和可感知，还能激发学生的兴趣，促使他们主动参与学习。这种针对性调整，使得教育内容更加贴近学生的生活体验，从而提高他们的参与感。

教师可以根据反馈数据，尝试不同的教学策略。例如，若发现传统的讲授方式难以引起学生的共鸣，教师可以转而采用小组讨论、角色扮演等互动式教学方法。这些多样化的教学方式，不仅能够吸引学生的注意力，还能增强他们对价值观的认同感。通过让学生参与到教学中，教育者能够营造一个更为开放和包容的学习环境，鼓励学生表达自己的观点和感受。快速响应机制的实施也促进了教师与学生之间的良性互动。当教师根据反馈调整课程时，学生会感受到自己的意见被重视，进而增强他们的学习动机。这种积极的互动不仅提升了课堂氛围，也有助于建立信任关系，使学生更愿意分享自己的想法和感受。

（三）促进教学的灵活性与适应性

动态反馈机制的建立显著促进了教学过程的灵活性与适应性。教育者能够利用实时数据分析的结果，定期评估和反思教学策略，确保教育活动与时俱进。例如，教师可以通过分析学生反馈，识别出哪些教学方法最有效，并据此调整课堂策略。这种及时的反馈不仅帮助教师快速响应学生的需求，还确保了教学内容与学生的兴趣保持一致。此外，这种机制鼓励教师在课堂教学中进行创新，尝试不同的教学方法或引入新技术。例如，教师可以利用互动式电子白板、在线讨论平

---

① 成哲. 大数据时代下高校网络思想政治的工作策略和路径研究 [J]. 陕西教育（高教），2024，(08): 18-20.

台或教育应用程序，提升课堂的互动性。这些技术不仅增强了学生的参与感，还能够让他们以更活跃的方式接触和理解价值观。通过这种创新，教育者能够不断探索更有效的教学手段。

教育者能够根据学生的反馈和参与度，动态调整课程结构和重点。例如，若某一主题在学生中引发了浓厚的兴趣，教师可以适时扩展该主题的内容，深入探讨相关问题。这种适应能力不仅增强了学生对课程的投入感，还让他们在学习中体验到更大的满足感。这种持续的改进与调整，使得高校能够更有效地实施价值观教育。教师在教学过程中不断反思和改进，确保教育内容不仅具有时效性，还与学生的价值观形成相辅相成。高校能够增强学生的认同感和参与度，从而推动校园文化的积极发展。这种灵活适应的教学策略，不仅提升了学生的学习体验，也为校园营造了一个更为积极和开放的文化氛围。

三、评估标准的实时调整

评估标准的实时调整是指在评估过程中，根据实际情况和需求的变化，动态地对评估标准进行修改和优化。这种调整可以确保评估结果更加准确和有效，同时也能够更好地适应不断变化的环境和条件。

（一）依据实时反馈优化评估指标

数据驱动的动态评估机制使高校能够灵活地依据实时反馈调整评估指标。教师可以通过收集到的数据，定期审查现有评估标准，确保其准确反映学生的真实情况。例如，若某些评估指标未能有效衡量学生对特定价值观的理解，教师能够迅速识别出这些问题，并根据反馈进行必要的修订。这一过程要求教师不断关注学生的学习情况，以便及时调整评估方法。当教师发现某些标准未能满足学生的需求时，他们可以引入更具代表性和实际意义的评估方法。这种针对性不仅提升了评估的有效性，也让学生感受到评估与他们的学习经历密切相关，从而激发他们的学习动力和参与热情。

当评估指标能够准确反映学生的实际能力时，学生的认同感和公平感会增强。如果评估方法过于单一，可能导致某些学生的优点被忽视，而通过多样化的评估手段，教师能够更全面地了解每个学生的特长和发展需求。教师还应定期进行反思，分析哪些评估指标最有效，并依据这些发现对其他指标进行调整。这一动态调整的过程，不仅帮助教师提高自身的教学水平，也为学生创造了更优质的学习环境。通过灵活应对学生的反馈，高校的价值观教育得以不断提升，确保其在教育过程中始终与学生的实际情况相符。依据实时反馈优化评估指标的机制，为高校价值观教育的持续改进提供了坚实基础。这一机制的实施不仅提高了评估的科学性和准确性，更促使教师在教学实践中不断探索和创新。通过这种持续的优化过程，高校能够有效提升价值观教育的质量，培养出更加全面发展的学生。

（二）引入多样化评估工具

引入多样化评估工具为高校的价值观教育提供了新的视角和方法。传统的考试方法往往无法全面反映学生对价值观的内化。因此，教师可以考虑结合项目评估和实践活动评估，以便更好地评估学生的实际表现。这种转变不仅提高了评估的多样性，还使学生能够在真实情境中应用所学的价值观，从而加深对其理解和认同。项目评估能够促使学生在团队合作和实践操作中提升综合能力。当学生在团队中共同完成一个项目时，他们不仅在知识上得到锻炼，还在沟通、协作和问题解决等方面得到提高。这种实践活动的参与感，让学生更深刻地体会到价值观的重要性，同时也增强了他们对课程的参与度和兴趣。

通过真实的社会问题或案例，学生能够将所学的理论知识与实际情况相结合，从而提升他们的批判性思维和创新能力。这种实用性的评估工具帮助学生理解价值观在现实生活中的应用，为他们的未来发展打下坚实的基础。在实施多样化评估工具时，教师需要不断反思和调整评估方法。定期收集学生的反馈，了解他们对新评估方式的看法，将有助于教师进一步优化评估工具。通过不断改进，教育者能够确保这些评估方法有效地反映学生的学习成果和价值观内化的进程。

多样化评估工具的引入为高校的价值观教育注入了新的活力，使评估过程更加全面和丰富。这样的评估机制不仅提升了学生的学习体验，也为教师提供了更深入的理解，帮助他们在教育实践中不断创新和发展。高校能够更好地适应时代的变化，培养具有全面素养的学生。

（三）促进持续改进的评估机制

动态评估机制的实时调整为评估标准的持续改进提供了坚实的基础。通过定期分析学生反馈，教师能够清晰识别出哪些评估方式有效，哪些则未能产生预期效果。这种反馈驱动的评估模式使得教师可以根据具体情况迅速做出调整，确保评估标准与学生的实际情况和需求紧密相连。教师通过持续的数据分析，可以监测到学生在价值观教育中的学习进度和参与度。当某种评估方式未能有效激励学生或未能真实反映其理解时，教师可以及时调整评估标准，改进评估内容。这种灵活性不仅提升了评估的科学性，也为教师提供了一个不断反思自身教学实践的机会，促使他们在教学中保持创新。

每一次评估的反馈都成为教师专业发展的重要依据。通过不断检视和调整评估方式，教师能够更深入地理解学生的学习需求和心理变化，从而改进教学策略，使教育过程更加个性化和高效。这种动态评估机制也能鼓励学生更加积极地参与反馈过程。当学生看到自己的意见被采纳并对评估标准产生实质影响时，他们的参与感和责任感会显著增强。这种互动不仅让学生感受到自身声音的重要性，还加强了他们对教育过程的认同，促进了价值观的内化。

灵活的评估标准在提升教育质量的同时，也为学生的全面发展提供了保障。随着评估机制的不断优化，教育者能够更好地支持学生在价值观领域的成长，帮助他们形成积极的社会认同和责任感。这种教育效果不仅体现在学术成绩上，更体现在学生的全面素养和社会适应能力上，为他们的未来发展奠定坚实基础。

四、提高学生参与感与反馈质量

（一）数据驱动的评估机制

数据驱动的评估机制已成为高校提升教学质量和学生参与感的重要工具。通过现代数据分析技术，高校能够系统地收集和分析学生反馈，从而实时监测课程效果。这种方法不仅能够为教育工作者提供有价值的见解，还能够让学生看到自己的声音如何直接影响课程的调整和改进。这种透明性使得学生在学习过程中感受到自身的价值与重要性。通过定期进行问卷调查、在线评估或课堂即时反馈，教育者能够获得学生对课程内容、教学方式和学习环境的即时反应。这种实时数据收集不仅帮助教师及时调整教学策略，还能够让学生感受到自己的意见被重视。例如，学生在课程结束后填写反馈表，如果他们的意见能够在下次课程中得到体现，便会更加积极地参与到后续的反馈中。这种互动关系形成了一种良性循环，进一步激励学生表达他们的看法。

当教师能够根据收集到的数据识别出教学中的不足之处，例如某个知识点的理解率较低，便可以针对性地进行课程调整。这种基于数据的决策过程不仅提高了教学的针对性和有效性，也使得学生意识到他们的反馈是有实质性影响的。更重要的是，这种反馈机制能够增强学生的主动学习意识，他们会更加愿意提出自己的想法和建议，以便更好地参与到课程建设中。通过数据平台，学生可以看到其他同学的反馈和建议，从而激发讨论和交流。教师可以引导这种互动，让学生在集体讨论中分享各自的观点与见解。这不仅能增强班级凝聚力，还能激发学生对课程内容的深入思考。通过共同探讨，学生能够在相互学习中提升自己的理解能力，从而进一步加深对知识的内化。

在实施数据驱动评估机制时，高校还需重视反馈的质量。仅仅收集数据并不够，如何有效解读和利用这些数据至关重要。教育者应当掌握数据分析工具，确保能够从中提取出有意义的信息，并将其转化为切实可行的教学策略。此外，学校应当营造一个开放的反馈文化，鼓励学生表达真实的想法，无论是正面还是负面。这种文化氛围能够促使学生更加主动地参与到反馈过程中，提升反馈的真实度和有效性。

（二）新媒体平台的应用

新媒体平台在教育中的应用为学生与教师之间的互动创造了全新的可能性。借助这些平台，教育者可以有效地鼓励学生分享自己的想法和建议，从而形成更加开放的交流环境。这种方式不仅促进了学生之间的互动，还提升了反馈的真实度与有效性，进而对教学质量的改进起到了积极作用。学生能够随时随地表达自己的看法。这种便利性使得学生在课堂之外也能参与到教学反馈中，打破了传统教学中时间和空间的限制。例如，使用社交媒体、在线讨论论坛或教学应用程序，学生可以及时分享对课程内容的理解和感受。这种实时互动的模式，鼓励学生在学习过程中不断反思，促进了他们对知识的深层次理解。学生们看到自己的意见被其他同学认可或讨论时，会感受到一种归属感和参与感，从而激励他们更主动地参与学习。

新媒体平台为教师提供了一个直观的工具来收集和整理学生反馈。通过在线问卷、投票或讨论板，教师可以迅速获取大量的反馈信息，并根据这些信息进行教学调整。这种数据的集中性和可视化效果，使教师能够清晰地识别出哪些教学方法有效、哪些方面需要改进。教育者可以据此制定更加符合学生需求的教学策略，从而提高课程的针对性和有效性。这种反馈机制不仅提高了学生的参与热情，也增强了教师的教学反思能力。通过讨论区或小组项目，学生可以分享彼此的想法和经验，形成互帮互助的学习氛围。学生不再是孤立的学习者，而是一个个积极参与者。他们通过讨论、辩论和合作，促进了知识的交流与碰撞。这种互动不仅提高了学习的深度，也增强了学生的社交技能和团队合作能力。

在传统教学中，反馈往往是一次性且滞后的，而新媒体平台则使教师能够随时对学生的表现给予即时反馈。这种及时的互动，不仅有助于学生在学习过程中不断调整自己的学习策略，还能增强学生对教师的信任感和依赖感。学生在感受到教师的关心和支持时，更愿意主动分享自己的想法，形成积极的学习反馈循环。在当前数字化时代，新媒体平台的灵活性和多样性为教育带来了新的机遇。教育者可以通过这些平台开展多种形式的活动，如在线问答、视频讨论和实时投票等。这些活动不仅丰富了课程内容，也增加了学生参与的趣味性。学生不仅可以表达自己的意见，还能在交流中获得新的观点和启发，进一步提升学习效果。

（三）大学生的评估反馈参与性

当学生意识到自己的反馈能够直接影响课程的设计和内容时，他们往往会更加投入其中。这种参与感不仅增强了他们的学习动机，也使得价值观教育的效果得以提升。教育者需要创造更多机会，让学生在课程设计和评估中发挥作用，使得反馈成为教学过程中不可或缺的一部分。学生参与课程设计的过程，可以让他们感受到自己的意见被重视。通过定期召开学生代表会议或利用在线平台收集学生的想法，教育者可以更好地了解学生的需求与期待。当学生的建议被纳入课程安排时，他们会觉得自己的声音得到认可，从而增加对课程内容的投入。例如，在讨论价值观主题时，允许学生提出相关的案例或问题，能够激发他们更深入思考,并促使他们在课程中积极参与。

学生往往被动接受教师的评估,而缺乏对自身学习成果的反思。然而,通过让学生参与评估标准的制定与评价过程,他们将更能意识到自身的成长和变化。教育者可以引导学生共同讨论评估标准,或者在课程结束后进行自我评估与同伴评估,这样不仅使学生对自己的学习负责,也增强了他们对价值观教育重要性的认知。当学生的反馈能够直接影响课程的调整,教学者就能够根据学生的需求和期望进行相应的改变。教育者应鼓励学生在每次课程后进行反馈,并在下次课程中展示这些反馈是如何被应用的。这种透明的反馈机制让学生看到自己的声音对教育过程的实际影响,从而激励他们更加积极地参与到价值观教育中。

教育者可以通过举办小组讨论、工作坊或互动式活动,让学生在安全的环境中分享自己的观点。这种信任感不仅促进了学生之间的互动,也增强了他们对价值观教育的参与感。通过定期评估课程的有效性,教师可以及时调整教学方法。当学生看到教师对反馈的重视和反应时,他们更可能主动参与到后续的反馈中,形成良性循环。这种互动关系不仅提升了学生的学习体验,也促进了价值观教育的深入开展。总的来说,价值观教育的参与性是一个动态过程,需要教育者不断创新与调整,以确保学生在其中的积极投入和深刻体验。

第四节 持续改进高校价值观教育的反馈机制

持续改进高校价值观教育的反馈机制,是为了更好地适应时代发展的需求,提高教育质量和效果。通过建立和完善反馈机制,高校可以及时了解学生对价值观教育的接受程度、满意度以及存在的问题,从而有针对性地进行调整和改进。

一、建立动态的信息反馈机制

新媒体反馈数据的动态性指的是新媒体平台上用户互动、内容传播和舆论变化等数据呈现出的实时变化和快速更新的特点。这种动态性不仅体现在数据量的快速增长上,还体现在数据内容的即时性和多样性上。新媒体平台,如社交媒体、在线论坛、博客和即时通讯工具等,由于其开放性和互动性,使得用户可以实时发布信息、分享观点和参与讨论，从而产生了海量的实时数据。这些数据的动态性要求新媒体运营者和分析师必须具备快速响应和实时分析的能力。他们需要利用先进的数据分析工具和技术，如大数据分析、人工智能算法等，来捕捉和解读这些数据背后的趋势和模式。通过对用户行为的实时监测和分析，新媒体运营者可以更好地理解用户需求、优化内容策略、提升用户体验，并及时调整营销策略以适应市场的变化。此外，新媒体反馈数据的动态性还意味着信息传播的速度极快，一条信息或一个话题可以在短时间内迅速扩散，形成热点。这种快速传播的特点要求新媒体平台和内容创作者必须具备危机管理的能力，以便在出现负面信息或舆论风波时能够及时应对和处理，避免造成更大的影响。

总之，新媒体反馈数据的动态性对新媒体的运营和管理提出了更高的要求，同时也为新媒体的发展带来了新的机遇和挑战。只有那些能够有效利用和应对这种动态性的新媒体平台和内容创作者，才能在竞争激烈的市场中脱颖而出。

二、建立学生参与反馈的多媒体渠道机制

学生价值观的塑造虽然深受外部因素的影响，如家庭背景、社会环境和文化氛围等，但根本上取决于学生内在心理的接纳与认同。学生内心是否真正接受和认同某种价值观，决定了这些价值观能否在他们心中扎根并指导他们的行为。因此，衡量高校价值观教育的成效，关键在于学生的反馈信息。通过观察学生对教育内容的反应和态度，学校可以了解教育是否达到了预期的效果。

新媒体为学生提供了多元化的反馈途径，使得学生能够更加便捷地表达自己的观点和意见。通过社交媒体、在线论坛和调查问卷等平台，学生可以积极参与到教育内容的讨论和评价中，从而为高校提供宝贵的反馈信息。这种反馈机制有助于学校洞察学生价值观的形成轨迹，了解他们在学习过程中遇到的困惑和挑战，以及他们对教育内容的认同程度。

通过分析学生的反馈信息，高校可以及时调整和优化价值观教育的内容和方法，使其更加贴近学生的实际需求。此外，这种反馈机制还可以帮助学校发现教育中的不足之处，从而制定针对性的价值观教育政策，提供更加有效的指导和支持。通过这种方式，高校可以更好地引导学生树立正确的价值观，培养他们成为

具有社会责任感和道德素养的公民。

三、建立定期评估的反馈机制

通过新媒体平台，我们可以构建并实施一套高效且系统的高校价值观教育定期评估反馈机制。这一机制的建立将极大地促进我们对大学生在价值观教育方面成效的及时监测和评估。具体而言，利用新媒体的广泛覆盖范围和便捷性特点，我们可以定期发布一系列相关的评估问卷和调查任务，从而广泛收集大学生在价值观方面的反馈信息。这些宝贵的反馈信息将使我们能够深入了解当前教育的实际成效，识别存在的问题和不足之处，并且能够及时地进行相应的调整和改进措施。通过这种持续的监测和优化过程，我们可以确保价值观教育能够更加贴合大学生的实际需求，从而显著提高教育的针对性和实效性。

第八章 ● 高校价值观教育中的媒介素养

在传统媒体时代,若要能够获取并解读各种形式的媒介信息,就必须具有一定的条件与能力,即需要具有一定的媒体素养。传统媒体的素养包括了听、说、读、写等能力,以及能够批判性地观看、收听并解决各种信息的能力。新媒体时代的到来,要求教育者必须具有媒介素养,才能更好地运用新媒体实施价值观教育。1992年,美国媒体素养研究中心将"媒体素养"定义为:人们面对媒体各种信息时的选择能力、理解能力、质疑能力、评估能力、创造和生产能力以及思辨的反应能力等6种能力[1]。对于媒介素养包容的内容,学界有着不同的观点:第一,媒介素养获取、理解、创造等3个维度,詹金斯把媒介素养分为游戏、处理话语内容、可视化、挪用、判断力等12种能力[2];第二,认为媒体素养包括理解媒介内容、感知信息力量、区分自身情感与理性反应、了解多模态媒介规约、独立思考媒介可信度、掌握媒介内在语法六个维度;[3] 国内学者认为媒介素养包括三个方面的能力:一是媒介信息认知信念方面的获取与认知能力;二是媒介信息反思方面的评估与分析能力;三是媒介信息知识应用方面的制作与传播能力[4]。可见,媒体素养不仅仅是指技术层面的,更强调文化社会价值观与思想行

---

[1] Elizabeth Thoman. Skills &Strategies for Media Education [J]. Toronto: Media Literacy Resource Guide, 1989: 7-9.

[2] 王静. 高校教师媒介素养的内涵、挑战与提升路径 [J]. 青年记者, 2022, (16): 60-62.

[3] 斯坦利·巴兰. 大众传播概论:媒介素养与文化 [M]. 何朝阳, 译. 北京:中国人民大学出版社, 2016: 23.

[4] 李金城. 媒介素养测量量表的编制与科学检验 [J]. 电化教育研究, 2017 (05): 20-27.

为方面以及所扮演的角度①。新媒体不仅改变了教育的方式和载体,同时也改变了大学生的思想观念和生活方式,因此,不仅教师需要提升媒介素养,作为教育对象的大学生也需要提升媒体素养,媒体素养是当代公民所应具备的基本素养之一,同时新媒体环境下有效实施价值观教育的重要因素。

第一节 思想政治教育工作者媒介素养的基本构成与培养

新媒体以各种高新技术为支撑,是当今社会主要的信息传播平台,不同的思想和思潮在新媒体平台中碰撞和交锋,成为当代中国教育环境的一个重大变量。高校价值观教育要充分把握这个"变量",对于新媒体的使用和运用要具有强烈的责任感、紧迫感和压力感,不断提高媒介素养,善于运用、管理新媒体,有效地控制信息主流,形成正确的舆论导向。

一、高校思想政治教育工作者媒介素养观念层面

新媒介素养是当代公民的素养之一,但是对于不同的群体,媒体素养的内涵也发生变化。"媒介素养指的是人们对各种媒介信息的解读和批判能力以及使用媒介信息为个人生活和自身发展服务的能力"②。对于高校思想政治教育工作而言,他们承担着大学生媒介素养教育的责任,除了个体具有一定的媒体素养外,还应具有职业媒介素养能力。高校思想政治教育工作者的媒体素养应包括以下几个方面:

(一)教学理念

媒介素养是一个具有时代性的概念,在不同的历史阶段,其内涵发生不定的变化。新素养概念的提出是现代教育新理念的体现。作为新时代思想政治教育者,面对新媒体技术的发展,要树立现代教育教学的观念,把握新媒体环境下价值观教育工作的特性。同时,要转变教育观念、更新教育观念,适应新媒体的教育环境。第一,对学生观念的变化。价值观教育是一项"精神性教育",其最终

---

① 史安斌,刘长宇. 全球数字素养:理念升维与实践培育 [J]. 青年记者,2021 (19):89-92.
② 袁军. 媒介素养教育的世界视野与中国模式 [J]. 国际新闻界,2010,32 (5).

的目标是以"育人"为目标的。价值观教育树立"以人为本"的教育理念。与传统媒体环境相比,新媒体环境对受教育者的要求提升了,教育者对"人"的理念也要随着时代的发展而发生变化。不仅仅要培养过去传统的人才,而且要基于新媒体环境个学生个性精神更开放、更包容,要提升学生的自主学习与自我建构的能力。新媒体环境下的大学生,能够接收来自世界上任何一个地方的任何信息,能够随时掌握世界上任何一个地方发生的任何事,同时也要随时获得新媒体平台上的各种信息。教师在对待学生时,要基于理解包容的态度和开放的胸襟。中国正在从站起来、富起来到强起来的发展阶段,文化的主体性不断凸显,而文化的主体性是在不断吸收世界上先进文化的基础上实现的,因此,教育者要对受教育者具有开放和包容的态度。新媒体实现了人人都能够获得资源的平等机会,同时,信息过载的现状使受教育者的信息能力和网络生存能力尤其突出,学生会利用新媒体不断满足自身的需要。新媒体使人的世界变得互动,既能与他人互动,同时也是一个虚实结合的世界,在这个虚实结合的世界中,对于价值的辨别能力、个体的自律意识、明辨是非的意识尤其重要,教师要树立正确的人才观,培养学生自觉维护新媒体生态环境良好运行的品质。

(二)教学观

在传统媒体时代,教与学是以教师为中心的,学生处于受教育者的地位,是教育的对象,被动地接受着教师传授的一切知识。在新媒体环境下,师生之间的互动发生了变化,一方面学生能够吸收世界上各类知识,成了一个知识生产和接收的主体。因此,在学习的过程中更能突显其自主性。教师要改变过去单一灌输的教学方式,一方面要利用新媒体呈现的多样式的呈现方式,充分地利用视频、照片、声音等媒体融合,提升课堂的教学效果。同时,新媒体具有信息传播快、交流便捷的特点,教师能够利用新媒体大大地调动学生获得信息的主动性、自主性。在新媒体环境下,由过去的教师"教",逐渐转化为学生的"学",不断地强调了学生"怎样学"的问题。在互动式的教学方式中,学生不再是信息接收的被动体,而是主动建构的主体。与一般的知识教育不同,价值观教育的目的是提升人的价值观念,其根本的旨趣在于"育人"。价值观教育就是把提升学生价值判断能力、价值选择能力为目标的教育活动，这个过程要充分发挥学生主观能动性，把自身从教育客体转为教育主体。新媒体强调学生的信息选择与利用的个体自由化和自主化。在学生观转变的任务需要与实现的可能面前，教师应引导学生要自觉自愿地参加学习活动，使学生形成独立的价值判断思维、良好价值选择能力和价值判断能力，实现学生自主学习与自我教育的结合。

同时，教师要确立"大思政"的概念。新媒体打破了过去价值观教育阵地相对固定和覆盖面窄的局面，大大地拓展了价值观教育的空间。任何一门课都要应承价值观教育的任务。教师要充分意识到新媒体技术对于现实的教育教学实践活动的意义，要充分地运用网络等新媒体技术，实现课外与课内相结合，实现教师引导与学生参与相结合。新媒体环境下，教师的课堂不再限于课堂当中，而是延伸到课堂外面。教师能够不受时空限制地把课堂上没有讲深讲透的内容在网络上进一步作交流与讨论，从而扩展了价值观教育的时空。

（三）师生观

教师与学生是教育实践活动的一对重要的范畴。随着新媒体技术的不断发展，对过去传统的师生观念产生了影响。新媒体的出现，使得师生之间双方的关系变得平等，师生之间的交流更平常化。师生双方在享受知识资源中是平等的。因此，新媒体环境下，要重塑师生之间的关系。对于教师而言，新媒体可以使自己从过去知识传授的任务解脱出来，将更多的精力投入到育人中去。新媒体技术的发展为教师具创造性地使用教材，教师过去具有知识权威的角色被大大削弱。新媒体环境下，师生之间的关系更像是学习的指导者和合作者。对于学生而言，新媒体技术实现了自身能够对信息进行自由选择与利用，他们自己能够更加主动地选择和参与到教学活动当中去，学生从过去的被动的信息接收者变成了具有主观能动性的学习者。可见，新媒体环境下改变了过去传统的那种以教师为中心的师生观，教师要适应新的环境变化，主动地重构自身的师生观念，更为民主平等、尊重学生，与学生共同学习、共同发展，实现"教学相长"。同时，教师要主动与学生进行平等交流，对学生进行正面的引导和情感的沟通，解决学生的难题。教师在与学生沟通交流的过程中，要分享彼此的思考与经验，交流感情与体验、不断地促进和谐、平等的师生关系。

二、高校思想政治教育工作者媒介素养的技术层面

新媒体的发展对于教育者提出了新的要求，其中最重要的是掌握新媒体技术。在新阶段，新媒体技术指数字技术、计算机网络与移动通信技术，这三大技术系统融合在一起构成的技术平台是新媒体环境的基础[1]。高校思想政治教育工作者并不是新媒体技术的研究者，而是一般的使用者，对于新媒体技术，偏向于结合价值观教育实践情况融合使用，因此，高校思想政治工作者应具有以下新媒体技术：

（一）新媒体的基本知识与操作知识

新媒体技术的传播能力强、技术融合性较大，而且新媒体的形式多样，若不了解新媒体的基本的操作知识，就无法顺利地使用新媒体，无法顺畅地接收信息。教师要对各种新媒体介质能够熟悉地掌握，如手机、平板、电脑等移动电子设备，要掌握各种新媒体介质的特性和使用。教师还要熟练地掌握熟悉各种教学新媒体介质，如投影仪、幻灯片、一体机等。在新媒体中，还有各种相关的系统软件，如WPS软、EXCEL等，能够满足处理文字和图片的信息处理。要能够运用PPT制作课件，熟悉地在PPT中插入各种视频素材和声音素材。同时，要学会计算机制作微课、剪辑各类视频，能够在技术层面满足多样化教学的需要，同时，也能够吸引学生的眼球，提升教学的有效性。新媒体背景下，教师要熟练地运用计算机网络技术，能够利用计算机网络技术搜索各类信息，同时还要熟悉掌握邮件、微博、微信等网络媒体软件。

（二）在教学中运用各类新媒体的技术

新媒体的类型很多种，不同类型的新媒体能够对应不同的教学需要。教师要在具体的教学活动中，熟悉地利用各种新媒体解决教学问题。如教师要熟悉各种信息资源库，如中国知网、万方、维普、中国共产党思想理论资源数据库等，同时也要熟悉各类图书馆资源，能够利用各类数据库资源进行信息检索，能够准备

---

[1] 宫承波：《新媒体概论》，中国广播电视出版社2009年版。

地获得与教学和研究相关的信息。教师要能够使用各种手段和技术对所获得的信息进行储存，利用计算机进行信息处理、加工和分析，使信息转化为有效的教学资源。同时，教师还需要具备良好的信息处理和信息制作能力，有效地利用新媒体把教学信息内容传递给学生。

（三）最新媒体的运用能力

随着科技的不断发展，新媒体也呈现出新的样态，新媒体不断更新，并不断地渗透到生活的方方面面。尤其是手机、电脑的不断更新换代，使得新媒体的发展处于永不停滞的状态当中。从媒体技术来看，信息时代的不断发展，以更快、更大、更及时的特点更好地运用于数字化图书馆、远程教育、虚拟实验等的应用。大学生是运用新媒体最活跃的群体，青年大学生站在了时代的先锋当中，具有强烈的新媒体技术更新意识，一般而言，最快使用和接收新媒体就是当代大学生。因此，他们具有一定的新媒体技术的更新能力。如果能够把握青年大学生的新媒体设备和产品，就能够提升与大学生沟通交流的话题能力，在价值观引导过程中也能做到有的放矢。同时，将最新的技术应用到课堂当中，能够契合大学生的风格和特点，提升价值观教育的吸引力和感染力。

（四）新媒体技术运用能力

新媒体更新速度快，对教育者提出了新的要求。面对巨大的数据信息，教育者要在信息获取、分析和传播等方面具有一定的能力。新媒体技术运用能力首先体现在对媒体信息的分析和评价能力。面对海量的数据，其中有一些数据与价值观引导并不契合，这时候教师需要在熟知各种新媒体载体和形式的同时，也要具有能够评价分析新媒体所传递的信息的能力。教师要了解各种新媒体的特性和制作的过程。新媒体具有自身独有的特征，教师要利用新媒体的交互性、数字化、个性化等特点，熟悉地运用各类媒体。教育者还需要掌握各类媒体运营的特点、话语的方式、新媒体对现实的构建，掌握新媒体信息的产生、传递和接收的过程，并在这个过程中掌握与价值观相关的内容，尤其是媒介话语的表达能力。"媒介话语是指通过各种媒介渠道传播的信息和表达方式。相对于以人的身体为第一媒介的人际传播、以模拟信息为传播特征的大众传媒，以数字技术为核心的新媒体是20世纪末兴起的媒介"[1]。在新媒体背景下，教师的媒介话语环境发生了显著的变化，由此带来了新的机遇，同时也带来了新的挑战。话语是价值观的载体，话语不仅是社会发展的记录，同时也是时代价值观的反映。在一定的意义上，数据和信息都携带着一定的价值观，所接收的信息也是已被加工建构的，其中渗透的一些观念和信息背后透析着一定的意识形态和价值取向，教育者要学会辨别这些信息，并在这些信息中提取相关的价值观，对信息进行较为准确的评估。教育者还需要从多个角度去看待这些信息，这些信息所呈现的价值观念要有所判断与选择，能够真正地识别、理性地分析并进行恰当的评估。新媒体技术运用能力其次体现在能够规范地利用新媒体的能力。与传统媒体具有信息控制权不同，新媒体中各个人都能够成为信息的控制者，能够生产、发布和传播信息。教育者需够熟练地使用新媒体能力。信息的掌握者对所传播的信息有着"过滤"的作用，只有符合群体规范或与"过滤人"价值标准一致的价值信息才能进入到传播的渠道。教师作为教学的主导者，对价值信息要进行"筛选"和"把关"。教师要提升自身的技术素养，通过自身的能力，消除不健康的信息。同时能够恰当地运用新媒体，争取在网络当中主动权，能够主动、积极地引导学生形成正确的价值观。教师有利用新媒体的能力，才能承担起在网络当中引领大学生、传播正确的价值观，弘扬社会主义核心价值观，促进学校价值观教育目标的实现。

（五）进行媒介素养教育的能力

大学生作为新媒体运用的先锋群体，其媒体素养也是他们公民素养的重要内容。教师既要提升自身的媒介素养，同时也要参与到媒介素养教育当中去。一方面，要教会学生能够批判性地选择媒体信息，促使学生养成独立思考、自主学习的习惯和形成批判性的思考。引导大学生要在网络中要规范自己的行动，增强责任意识，塑造健康的人格，避免大学生成为"键盘侠"。提升大学生的网络道德意识，能够利用新媒体提升自身学习的能力。

---

[1] 马忠. 思想政治教育话语环境的时代变迁研究 [J]. 思想教育研究, 2024, (09): 52-60.

三、高校思想政治教育工作者媒介素养的现状

目前,随着新媒体越来越得到高校的重视,教师的媒介素养得到了大幅地提升,不仅从意识层面,还是技术层面,还是应用层面,都有了很大的提升与进步,能够结合新媒体开展教育实践活动。

(一)媒体使用意识增强

高校思政教育工作者的媒体使用意识在近年来显著增强,这一变化反映了教育者对新媒体在教育中潜力的认识和重视。随着信息技术的快速发展,传统的教学模式面临着巨大的挑战和机遇。许多思政教育工作者逐渐意识到,社交媒体和在线平台不仅是信息传播的工具,更是促进学生参与和交流的重要渠道。教师们开始探索如何将新媒体有效融入思政课程中。他们认识到,学生在信息获取和交流方式上发生了变化,越来越多的年轻人习惯于通过社交媒体获取信息和进行互动。因此,教育者通过使用这些平台,可以将思政教育的内容与学生的日常生活紧密结合,提升课程的相关性和吸引力。这种意识的转变使得思政课程不再是单向的知识传授,而是变成了师生互动、共同探讨的过程。

教师们积极尝试利用多种新媒体工具进行课程设计和教学。例如,许多思政教育工作者开始使用短视频、直播等形式,展示思政理念和社会现实。这些生动的表现手法,不仅能够抓住学生的注意力,还能使他们更好地理解和接受课程内容。通过这些创新的教学方法,学生在学习过程中能够感受到思政教育的价值,从而增强他们的学习动机。思政教育的内容可以迅速传播到更大的受众群体,促进思想的交流与碰撞。这种传播的快速性和广泛性,使得思政教育的理念和价值观能够更有效影响学生,增强其社会责任感和使命感。教师们逐渐意识到,利用新媒体不仅能传递知识,更能引导学生思考和讨论,促进他们在思政教育中的积极参与。

随着对新媒体使用意识的增强,教师们也开始重视对学生媒体素养的培养。在信息泛滥的时代,培养学生的批判性思维和信息分析能力至关重要。因此,许多思政课程中逐渐加入了媒体素养相关的内容,帮助学生学会如何有效地获取、分析和评估信息。这种培养不仅提高了学生的媒介素养,也为他们未来在复杂信

息环境中做出理性判断奠定了基础。尽管媒体使用意识在逐渐增强，部分教师在新媒体的应用中仍面临挑战，这包括技术应用的熟练程度和对新兴平台的掌握。为此，高校应积极提供相应的培训和支持，帮助思政教育工作者更好地适应新媒体时代的教学需求。只有在不断学习和实践中，教师才能更有效地利用新媒体，提升思政教育的质量。

（二）技术应用能力提升

近年来，部分思政教育工作者在新媒体工具的使用上显著提升，这一变化极大地推动了思政课程的教学效果。随着教育技术的进步，教师们不仅能够熟练运用各种在线资源，还积极探索创新的教学方法，以提高课堂的互动性和趣味性。通过短视频和纪录片等形式，教师能够生动地呈现思政教育的核心理念和社会现象。这些多媒体元素不仅增强了课堂的视觉吸引力，还帮助学生在更生动的情境中理解复杂的思想和理论。例如，教师可以通过视频案例展示社会问题，引导学生进行讨论和思考，从而促进他们对思政内容的深入理解。

教师们能够通过直播平台，与学生进行实时互动，解答他们的问题，分享最新的时事动态。新媒体环境下，教师不再局限于传统的教室和教材，而是需要掌握并运用新媒体工具，如社交媒体、在线课程平台、虚拟现实（VR 和增强现实（AR）技术等，丰富教学内容，拓展教学空间，"这意味着教师要能够灵活运用新媒体平台进行课程设计，制作有吸引力的多媒体教学资源，开展线上讨论和互动，甚至远程授课"[1]。这种形式不仅使教学更加灵活和开放，也为学生提供了更广泛的交流空间。学生可以在直播过程中积极提问，表达自己的观点，增强了他们的参与感和学习的主动性。这种互动性不仅提高了课堂的活跃度，也促进了思政教育内容的实际应用。这些平台不仅提供了丰富的学习资源，还允许学生进行在线讨论和合作学习。教师可以在这些平台上发布相关的学习任务和讨论主题，鼓励学生进行自主学习和探究。学生在课外也能保持对思政教育的持续关注，形成良好的学习习惯。

---

[1] 刘衡. 新媒体时代高校思政教师角色转变与能力提升 [J]. 陕西教育（高教），2024，（10）：62-64.

教师在技术应用能力上的提升也促进了课程设计的多样化。他们能够结合自身专业特点，灵活运用新媒体工具进行教学设计，使课程内容更具针对性和实效性。这种多样化的设计不仅吸引了学生的兴趣，还能够更好地满足不同学生的学习需求。例如，针对不同学科背景的学生，教师可以采用不同的教学策略，使思政教育更具包容性和适应性。

（三）媒介批判能力发展

随着信息环境的复杂性日益增加，许多高校思政教育工作者开始重视媒介批判能力的培养。这一能力的提升不仅增强了他们对信息的辨识力，也为学生提供了更为客观和全面的视角，推动了思政教育的深入发展。"新媒体环境下的信息过载要求教师具备一定的信息筛选和处理技能，部分教师在此方面缺乏必要的经验，难以从众从网上中甄选出高质量的教育资源，无法为学生提供可靠的学习内容"[①]。教师们逐渐认识到，单纯的知识传授已不足以应对当今社会中涌现出的各种信息和观点。教师们通过专业培训和自主学习，积极提升自身的媒介素养。许多高等院校开始引入媒介素养课程，帮助教师理解不同媒体的运作机制、信息传播的规律以及潜在的偏见。教师们能够更深入地分析和评估媒体内容的真实性，识别各种信息的来源与意图。这种能力的提高，使他们在课堂上能够更有效地引导学生思考信息的多样性和复杂性，帮助学生建立起批判性思维的基础。

教师通过案例分析和小组讨论等形式，引导学生探讨不同媒体对事件的报道差异。例如，通过比较各大媒体对同一事件的不同报道，教师能够让学生识别和讨论信息中的偏见和立场。这种教学方法不仅激发了学生的思维活跃性，也提升了他们对信息的分析能力，帮助他们在日常生活中做出更加理性的判断。随着新媒体的兴起，教师们也开始关注社交媒体内容的真实性和可靠性。他们鼓励学生对网络信息进行质疑，培养其独立思考的能力。教师可以引导学生分析社交媒体上的热门话题，探讨这些信息对公众舆论的影响。这种批判性的讨论不仅提高了学生的媒介素养，还培养了他们的社会责任感，使他们能够在信息时代更好地定

---

① 郝晓璐. 新媒体时代高校思政教育创新路径探究 [J]. 新闻研究导刊，2024，15（13）：177-179.

位自己和他人。

虽然教师们意识到媒体内容的多样性和复杂性,但在具体实施过程中,如何有效地引导学生进行批判性思考,仍然是一项具有挑战性的任务。因此,教师们需要不断反思和调整自己的教学方法,以确保在提高学生媒介批判能力的同时,也能传递准确和负责任的信息。通过对媒介批判能力的重视,思政教育工作者不仅提升了自身的素养,也为学生的全面发展创造了条件。这种能力的培养使得学生能够在信息爆炸的时代,更加理性地分析问题,做出明智的决策,最终形成健全的价值观和人生观。在未来的教育实践中,教师们需要继续探索如何在思政教育中更有效地融入媒介批判的内容,以促进学生的全面素质提升。

(四) 课程内容创新

高校思政教育工作者在课程设计中的创新,尤其是新媒体元素的融合,正在逐步改变思政教育的面貌。通过将现代技术与课程内容相结合,教师们不仅提升了课程的吸引力,还有效地促进了学生对思政内容的理解和接受。这一转变体现了教育者对新时代教育需求的敏锐把握。教师们在课程中引入视频、音频和互动应用等多媒体工具,使课程内容更加生动有趣。这种多元化的表现形式能够吸引学生的注意力,并使抽象的思政理念变得具体可感。例如,通过播放相关的短视频或纪录片,教师能够将复杂的社会问题和思政理论以更直观的方式呈现出来,让学生在观看中思考,从而提升他们的学习积极性。

利用微信群、QQ 群等社交工具,教师可以及时与学生分享最新的社会动态和思政相关内容,促进课堂内外的无缝连接。这种实时互动不仅丰富了课堂讨论的内容,也鼓励学生在课外继续关注和思考思政教育的相关问题,从而培养他们的社会责任感和批判性思维。教师们通过调查学生的兴趣和需求,将思政教育与实际生活相结合,制定出更加贴合学生的课程。例如,在讨论社会责任时,教师可以引导学生分享自己参与志愿服务或社会实践的经验,激发他们对社会问题的关注与思考。这种方式不仅提高了课堂的参与度,也让学生在实践中感受到思政教育的价值。

教师们通过引入游戏化学习的元素,进一步增强课程的互动性和趣味性。在课堂中，利用角色扮演、情景模拟等方式，学生能够在模拟的环境中体验思政理念的实际应用。这种创新的教学形式使得课程不再单调乏味，学生在参与中学习，从而更深入地理解和掌握思政教育的核心内容。

（五）持续学习的需求

在当今快速发展的数字时代，教师在媒体素养方面的持续学习显得尤为重要。尽管许多教育工作者已经开始意识到媒体素养的重要性，但仍然感受到自身知识和技能的不足。新媒体环境的复杂性和多样性，使得教师面临许多挑战，包括如何选择可靠的信息源、如何批判性地分析媒体内容以及如何将这些技能有效地传授给学生。教师们普遍认识到，媒体素养不仅仅是技术能力的问题，更是批判性思维能力的体现。面对日益增长的信息量，教师需要不断提升自己的分析能力，以便能够帮助学生在信息海洋中找到有价值的内容。教师希望通过系统的培训，掌握评估信息真实性和可信度的方法，从而更好地指导学生进行信息筛选和分析。

随着社交媒体、博客和视频平台的兴起，教师们希望能够学习如何将这些工具有效地融入课堂教学。通过掌握新媒体的使用技巧，教师能够创造出更加生动和互动的学习环境，激发学生的学习兴趣。然而，当前的培训资源往往不足，无法满足教师对新媒体整合教学的需求。教师们也意识到，在媒体素养的教学过程中，自身的学习需求同样重要。教师希望能够建立一个支持性强的学习社区，通过交流和分享经验，提高整体的媒体素养水平。教师之间的合作和互动，能够帮助他们相互借鉴最佳实践，共同探索适合不同学习环境的教学策略。这样的社区不仅能提供实际操作的机会，还能增强教师的自信心和创造力。

当前，许多教育机构和平台提供的培训课程内容较为单一，缺乏针对具体教学情境的指导。教师希望能够接触到更多实用的案例分析、课程设计示例以及评估工具，以便在实际教学中灵活运用。这些资源不仅能增强他们的专业素养，还能有效提升课堂教学的质量。为了推动媒体素养教育的广泛开展，教师希望相关部门能够制定更加明确的指导方针，并提供必要的资金和资源支持。只有在政策的引导和支持下，教师才能获得更系统培训，提升自身的媒体素养，更好地服务于学生的学习需求。

持续学习的需求不仅限于传统的培训模式，教师们希望能通过在线学习、工作坊和网络研讨会等多种形式进行学习。这样的灵活学习方式，能够帮助教师在繁忙的教学工作中找到合适的学习时间，提高学习的效率和效果。同时，在线学习平台也能为教师提供及时更新的学习内容，让他们能够随时掌握媒体素养的最新动态和趋势。教师们在不断学习的过程中，也希望能够获得来自校领导和教育专家的指导。教师可以更好地理解媒体素养的核心概念及其在教育中的重要性。这种指导不仅能够帮助教师克服学习中的困难，还能增强他们的职业认同感和使命感，使其在教育事业中不断追求进步和创新。

四、高校思政教育工作者媒体素养面临的挑战

新媒体技术虽然在高校当中越来越得到重要，教师的媒体素养也得到了大幅地提升，但在实践中我们看到，与目标前的教育需要相比，教师的媒体素养依然存在需要提升的地方，具体表现在以下几个方面：

（一）技术应用能力不足

在现代教育背景下，技术应用能力的不足成为高校思政教育工作者面临的重要挑战。虽然一些教师已经开始尝试使用新媒体进行教学，但整体的技术适应能力仍然参差不齐。许多教育者对新兴的教育平台和工具掌握不够熟练，致使他们无法充分发挥这些媒介的潜力，从而影响了思政教育的传播效果。面对新媒体的快速发展，部分教师在技术应用上显得力不从心。缺乏相应的培训和实践经验，使得他们在使用社交媒体、在线讨论平台及其他数字工具时感到无所适从。尤其是在思政教育中，教师需要利用新媒体吸引学生的注意力，传达思想和价值观，但技术上的障碍限制了他们的创新思维和表达方式。

教师们对新媒体特性的理解不足，也影响了其在课堂上的有效应用。例如，一些教师未能认识到短视频、播客等媒介形式的优势，未能结合这些工具制作生动的教学内容。这样的局限不仅减少了学生的参与感，也削弱了思政教育信息的传播力度，使得课堂氛围变得单调，学生的学习兴趣下降。有鉴于此，提升教师的技术应用能力显得尤为迫切。高校应当为教师提供系统的培训机会，帮助他们

了解和掌握新媒体的使用技巧。这种培训不仅要包括对具体工具的操作，还应注重如何将这些工具有效整合进思政教育的整体框架中。通过实用的案例和实践练习，教师能够更好地将理论与实践相结合，从而提升他们在教学中的技术应用能力。

通过组织定期的学习交流会和技术分享活动，教师们可以互相借鉴使用新媒体的经验，分享成功案例和教训。这种互动不仅能够增强教师的技术自信心，还能够激发他们的创造力，让他们在思政教育中更好地应用新媒体。高校需要为教师提供充足的资源和时间，鼓励他们主动学习新技术。通过设置专项基金、提供技术支持团队等方式，管理层可以有效激励教师不断提升自身的技术应用能力。同时，管理层应当关注教师的反馈，根据他们的需求不断优化培训内容和形式，使培训更加符合实际情况。教师应当具备主动学习的意识，努力探索新媒体在思政教育中的多种应用方式。通过自主学习、参加在线课程、阅读相关书籍等途径，教师可以不断更新自己的知识储备，增强技术应用能力，从而更有效地传播思政教育的核心价值观。

（二）信息辨别能力欠缺

随着虚假信息和网络谣言的泛滥，许多教师发现自己在判断信息真实性和识别偏见方面的能力有待提升。这种能力的缺乏，直接影响到教师引导学生进行理性分析的效果，从而对思政教育的内容理解产生消极影响。面对繁杂的信息源，教师们往往感到困惑，难以有效区分可信与不可信的信息。尤其是在涉及社会热点和政治问题时，信息的真伪与偏见层出不穷。缺乏媒介素养的教师，可能会在无意中传播错误的信息，这不仅影响了他们自身的专业形象，也可能导致学生对思政教育产生误解和偏见。

教师作为学生的引导者，理应具备较强的信息分析能力，以帮助学生培养独立思考和批判性判断的能力。然而，当教师自身在信息辨别方面存在短板时，他们无法有效地教授学生如何理性分析信息。这种情况可能使学生在面对纷繁复杂的信息时感到无助，从而形成依赖，而非独立思考的习惯。高校需要为教师提供针对性培训，帮助他们掌握信息筛选的策略和技巧。例如，可以通过模拟案例分析，让教师学习如何识别信息的来源、检查事实和评估观点的合理性。这种实践训练不仅增强了教师的自信心，也为他们提供了具体的工具来引导学生进行信息分析。通过组织研讨会和工作坊，教师们可以相互学习、分享经验和最佳实践。在这种合作学习的环境中，教师不仅能够提高自身的媒介素养，还能够共同探索如何在思政教育中更有效地引导学生分析信息的策略。

(三) 社会舆论压力

在当今信息传播迅速的社会背景下，高校思政教育工作者常常面临来自社会舆论的巨大压力。由于新媒体的广泛应用，教师们在发表观点时可能遭遇误解或攻击，这种舆论压力使得他们在使用媒体时显得更加谨慎，从而影响了教育创新的推进。教师的每一次发声都可能被公众解读，尤其是在涉及敏感话题时，舆论的反应往往会对他们造成直接的心理负担。这种压力不仅使教师在选择教学内容时变得更加保守，也可能导致他们在课堂上避免讨论一些具有争议性的议题，进而限制了学生的思想碰撞和批判性思维的培养。

社会舆论的影响往往使教师感到必须对自身的言论和行为进行严格把控。这种自我审查的心态可能使他们在使用新媒体时变得犹豫，无法充分利用这些平台进行教学创新和思想传播。实际上，教师在思政教育中发挥的引导作用，正是通过大胆的观点表达和有效的媒介运用实现的，然而，舆论的压力无疑让他们的这一潜能大打折扣。高校管理层应当为教师提供更多的支持与保护。学校可以建立明确的舆论引导机制，以帮助教师在面对公众质疑时能够获得专业的支持。通过开展相关的培训和工作坊，增强教师对舆论环境的理解和应对能力，使他们能够更自信地表达观点，进而推动教学改革和创新。高校可以设立专门的讨论平台，让教师们分享自己在媒体使用中的经验与挑战，以此促进信息的交流和思想的碰撞。这种开放的氛围有助于教师们打破对舆论压力的恐惧，从而在思政教育中更加积极地应用新媒体，增强教育效果。

(四) 教育理念更新滞后

在当前教育改革的浪潮中，部分思政教育工作者的教育理念更新滞后，成为一个亟待解决的问题。虽然新媒体技术迅速发展，但许多教师仍然坚持传统的教学方法，未能及时调整自己的教育观念，以适应新时代的教学需求。这种缺乏创新意识的状况，直接导致了课程内容和教学形式的单一，影响了思政教育的吸引力和有效性。具体来看，教师们在面对新媒体的机遇时，往往表现出一定的抵触情绪。他们习惯于传统的课堂讲授方式，缺乏将新媒体元素融入教学的灵活性。这种保守的态度不仅使课堂教学变得枯燥，也使学生在接受思政教育时感到乏味，进而降低了学习的积极性。新媒体的应用能够极大地丰富教学内容，但教师对这些工具的不熟悉和不信任，往往使他们错失了提升课堂吸引力的良机。

教育理念的滞后还体现在对学生自主学习和探究精神的重视程度不足。当前的教育理念强调以学生为中心，鼓励学生参与到学习过程中。然而，许多教师在设计课程时仍然以传授知识为主，忽视了培养学生独立思考和批判性分析能力的重要性。这样的教学方式使学生在思政教育中无法充分发挥自己的主观能动性，进而影响其对思政内容的理解和认同。为了解决这一问题，高校应当推动教师的教育理念更新。可以通过定期组织教育研讨会和培训活动，让教师了解现代教育理念和新媒体的最新发展。这种学习机会不仅能激发他们的创新意识，还能增强他们对新媒体在教学中应用的信心。此外，学校应当鼓励教师尝试新的教学模式，通过实践不断调整和优化课程内容，以提升课堂的吸引力。通过共同备课、分享教学经验，教师们可以互相激发灵感，探索适合自己的教学创新方式。这种交流不仅有助于提升整体教学水平，还能形成一个支持性强的教学环境，促进教师之间的共同成长。

（五）培训与支持不足

尽管媒体素养在现代教育中愈发受到重视，许多高校在为教师提供相关培训和资源方面依然存在不足。这种缺乏系统性支持的情况，使得教师在提升自身媒体素养的过程中面临诸多困难，从而限制了他们的专业发展与教学创新。许多高校未能建立完善的培训体系，导致教师无法获得必要的培训机会。虽然一些学校开始意识到媒体素养的重要性，但往往缺乏针对性的课程设计和资源配置，教师只能依赖个人的自学和经验积累。这样的状况使得许多教师在面对新媒体的挑战时感到无从下手，无法有效提升自己的技术应用能力和信息辨别能力。

培训往往是短期和一次性的，缺乏后续的跟进与指导，教师在实践中遇到问题时往往难以获得及时的帮助。要加强教师新媒体素养的考核评估，针对教育工作队伍的信息化水平、技能发展建立相应的评价指导，并定期对新媒体效果、教师的媒介素养提升状况进行调研评估和量化考核，不断激发新媒体思政育人队伍自我提升的主动性[①]。若缺乏了相应的培训支持，使得教师在面对复杂的媒体环境时感到孤立无援，进而影响了他们在教学中尝试新方法和新工具的勇气。高校应当定期开展关于媒体素养的专业培训，内容不仅应涵盖新媒体的应用技巧，还应包括如何将这些工具有效整合到思政教育中。通过系统的培训，教师能够不断提升自己的媒体素养，进而增强他们在课堂教学中的信心和创造力。同时，学校还应考虑建立教师学习社区，促进教师之间的经验分享和合作。通过组织讨论会、工作坊等形式，教师能够互相学习、共同探讨在媒体应用中的最佳实践。这种集体学习的氛围不仅能提高教师的专业素养，还能形成积极向上的教育文化，促进思政教育的有效开展。

六、 提升高校思政教育工作者媒体素养的路径

如何挖掘新媒体技术的价值观教育功能，能够充分利用新媒体提升价值观教育的效果，提升教师的媒介素养是前提条件。但是由于教师的专业性限制的问题，他们在利用新媒体、运用新媒体方面表现出一定的局限，整体的素养水平不甚理想，这就要求在新媒体背景下，教师要不断提升自身的媒介素养，以适应新的状况。

（一） 建立系统化的专业培训机制

系统地培训是教师提升媒体素养的重要途径。系统化的培训能够有效地提升教师运用新媒体的意识、提升运用新媒体的能力、掌握最新的新媒体技术。

1. 培训内容的全面性与针对性

在当今信息爆炸的时代，教师的媒体素养显得尤为重要，因此专业培训内容的全面性与针对性成为关键。培训应涵盖新媒体工具的操作，教师需要掌握各种

---

① 马松、孙秀玲. 新媒体赋能高校思政教育的应用价值、现实瓶颈及实践路径 [J]. 传媒，2023，(11)：83-86.

平台的使用技巧，如社交媒体、在线讨论工具和教育应用软件等。这不仅包括基本的操作方法，还应涉及如何有效利用这些工具增强课堂互动，提升学生的学习积极性。通过对新媒体工具的熟练运用，教师能够创造更具吸引力和参与感的教学环境，从而提高思政教育的质量。面对复杂的信息环境，教师必须具备有效判断信息真实性的能力。在培训中，教师可以学习如何识别可靠的信息源、辨别虚假信息和网络谣言。这种能力不仅有助于教师在教学中传授信息筛选的方法，也能增强他们自身在面对各种信息时的信心和判断力。通过掌握信息评估技巧，教师可以在课堂上引导学生开展批判性思维的讨论，培养学生的独立分析能力。

此外，批判性思维的培养是培训的重要组成部分。教师需要具备批判性思维能力，才能在教学中激发学生的思维深度和广度。培训应提供多样化的教学方法和案例分析，帮助教师学习如何引导学生进行批判性讨论和分析。通过具体的教学策略和案例，教师能够更有效地鼓励学生质疑信息、提出不同观点，从而实现思政教育的核心目标。为了确保培训内容的针对性，设计者应深入了解教师的不同需求和教学实际。这可以通过问卷调查、访谈和座谈会等方式进行，了解教师在新媒体应用中遇到的具体问题和挑战。制定个性化的培训计划，确保培训内容与教师的教学目标紧密结合。比如，对于那些已经掌握基础操作的教师，可以设计更高级别的培训课程，深入探讨新媒体的创新应用和跨学科整合。而对于刚接触新媒体的教师，则应提供基础入门课程，以便他们逐步提升自己的媒体素养。同时，培训还应考虑到教师的时间安排和工作负担，采用灵活的形式，如线上课程、微课程和自学模块。这种灵活性不仅能提升教师的参与度，还能使他们能够根据个人的学习进度和时间安排自主选择合适的学习方式。通过多样化的培训形式，教师将更有动力参与到自我提升的过程中，从而提高培训的效果和实用性。

培训结束后，应通过问卷调查和访谈收集教师的反馈意见，以评估培训的效果和实际应用情况。教师的反馈不仅能够帮助改进未来的培训内容和形式，还能为培训组织者提供宝贵的经验和教训。此外，定期的跟踪评估也能够帮助教师持续反思自己的学习进程，确保他们在实践中能够真正应用所学的知识和技能。

2. 多样化的培训形式与方式

在提升高校思政教育工作者媒体素养的过程中，多样化的培训形式与方式至关重要。线上课程作为一种灵活的学习方式，能够有效提高教师的参与度。这种课程形式允许教师根据自己的时间安排进行学习，不再受限于固定的课堂时间。通过录制的视频、实时直播和互动讨论，教师可以在舒适的环境中自主选择学习内容，从而提高学习的主动性和积极性。工作坊提供了一个实践性强的培训机会，教师可以在互动中学习并即时应用新知识。在工作坊中，教师们可以共同探讨具体的教学案例，进行角色扮演或小组讨论。这种形式不仅能够增强教师的实际操作能力，还促进了彼此之间的经验分享和合作。教师能够及时获得反馈，改进自己的教学策略，使得培训效果更加显著。

在研讨会上，教师可以邀请专家或同行分享他们在新媒体应用中的成功经验和最佳实践。通过深入的讨论，教师能够从他人的经验中获得启发，学习如何将新媒体有效整合进自己的课程中。这种形式不仅拓宽了教师的视野，也增强了他们对新媒体教育的理解与应用能力。教师在实际操作中能够体验新媒体工具的使用，理解其在教学中的实际应用价值。通过模拟教学和案例分析，教师可以亲身体验如何将理论转化为实践，提升其在课堂上的教学效果。实践操作不仅增强了教师的自信心，也激发了他们的创造力，使其在今后的教学中敢于尝试新方法和新工具。

结合理论与实践的培训形式能够更有效地帮助教师掌握媒介素养。通过理论学习，教师了解新媒体的基本概念、应用背景和相关策略，而实践则使得这些理论知识得以落实。这样的结合使得教师能够将所学内容与实际教学场景相连接，提升其解决问题的能力，进而提高整体的教学质量。为了确保培训的可及性，高校可以利用线上平台进行资源的整合与共享。这种平台可以集中提供培训材料、课程视频和相关学习资源，教师可以随时访问并自主学习。通过线上资源的灵活性，教师能够在繁忙的工作中找到合适的时间进行学习，不再受时间和空间的限制，从而有效提高他们的媒体素养。

3. 建立评估与反馈机制

建立有效的评估与反馈机制显得尤为重要。这一机制的核心在于通过多种方式衡量培训效果和教师的实际应用情况，确保所学知识能够在教学中得到有效运用。问卷调查是获取反馈的重要手段。针对培训内容、形式和教师的参与度等方面进行问卷调查，可以帮助培训组织者收集教师的真实感受和意见。这种方式简单易行，能够迅速收集到大量数据，为后续改进提供依据。通过专业的观察员对教师在实际教学中的表现进行评估，培训组织者可以更直观地了解教师如何应用所学知识和技能。这种观察不仅关注教师的授课方式，还包括学生的反应和参与度，从而全面评估培训的实际效果。观察结果可以为教师提供具体的改进建议，使其在后续教学中能够更好地融入新媒体工具。

通过设置定期的反馈会议，教师可以在交流中分享他们在应用新媒体时遇到的问题和挑战。这样的互动不仅能够帮助教师识别和解决实际问题，还能促进彼此之间的经验分享。在反馈会议上，教师可以提出具体的案例，讨论如何克服困难，从而共同进步。培训后并非一锤子买卖，而是应当建立一个动态的反馈系统。定期收集教师的反馈，了解他们在教学中遇到的新问题或新需求，可以及时调整后续培训内容。这种灵活性使得培训体系能够与教师的实际需求相结合，确保媒体素养的提升能够真正落实到教学实践中。

根据评估结果，培训组织者可以为教师提供针对性指导与建议。这不仅帮助教师在应用新媒体时克服困难，还能根据他们的具体需求制定个性化的学习计划，从而提升他们的专业素养和自信心。通过建立评估与反馈机制，高校能够不断优化培训内容，提升教师的媒体素养。教师的参与感和主动性也将显著增强，从而形成一个良性循环，推动思政教育的进一步发展。最终，教师不仅能够提升自身的媒体素养，还能更有效地引导学生在信息社会中培养批判性思维和媒介意识，实现教育的长远目标。

（二）强化实践操作与应用机会

新媒体于高校教师而言，不是在于研究，而是在于运用，实践操作是媒介素养的重要构成之一，因此，要强化实践操作，增加运用新媒体的机会，提升教师的媒介素养。

1. 实操课程的设计与实施

在提升高校思政教育工作者的媒体素养过程中，实操课程的设计与实施至关重要。这类课程旨在通过实际操作，使教师能够掌握新媒体工具的使用技巧，并理解这些工具在教学中的具体应用。课程应明确目标，确保教师能够在短时间内学会使用多种新媒体工具。例如，课程可以从基础开始，逐步引导教师学习如何有效地利用社交媒体进行教学。这包括教授教师如何创建教育性社交媒体账户、设计互动性强的教学活动，以及引导学生在平台上进行积极参与和讨论。教师们应该参与到实操课程的讨论中，分享他们在教学中的实际经验和需求。这种互动能够让课程更加贴近教师的实际情况，使得培训内容更具针对性。例如，可以设计小组讨论环节，鼓励教师们共同探讨如何利用新媒体提升思政课程的吸引力。教师不仅能学到工具的使用方法，还能在同伴的启发下，激发出更多的创意和想法。

通过教授教师如何使用视频制作软件和编辑工具，教师可以学习如何将课堂内容以更生动的形式呈现。这一过程不仅能够提高教师的信息传播能力，也能激发他们的创造性思维。在实际操作中，教师可以尝试制作自己的教学视频，并在课程中与其他教师分享。这种实践活动不仅让教师们感受到成就感，也促进了他们之间的交流与合作。课程结束后，可以安排教师进行自我评估和相互评价，帮助他们识别自身在新媒体应用中的优势和不足。这种反馈机制不仅能够促进教师们的自我反思，还能为后续的培训内容提供宝贵的改进建议。

为了保证课程的可持续性和深入性，应该定期举办后续的实操课程和进阶培训。这些课程可以根据教师在实际教学中遇到的新挑战和新需求进行调整和优化。通过持续学习与实践，教师能够不断提升自身的媒体素养，从而更好地适应教育环境的变化。通过定期的评估与反馈，教师能够看到自己的进步与变化，从而激发他们对新媒体应用的兴趣与热情。结合个人成长目标，教师可以自主选择参加相关的进阶课程，进一步提升自身的专业能力。这种以教师为中心的培训模式，不仅提高了教师的媒体素养，也推动了高校思政教育的创新与发展。

2. 案例分析与分享机制

案例分析与分享机制不仅为教师提供了一个学习和交流的平台，还鼓励他们深入探讨在新媒体应用中的实际经验和面临的挑战。组织教师进行成功案例的分析，有助于他们了解不同的教学策略和方法。通过对优秀教学案例的解读，教师们可以看到新媒体在课堂教学中的实际应用效果，这不仅激发了他们的创造力，也让他们意识到新媒体整合的重要性。在案例分析过程中，教师们可以分组讨论各自所选的成功案例。这种小组讨论能够促进教师之间的深入交流，让他们分享各自的经验与见解。例如，一位教师可以分享如何利用社交媒体开展线上讨论，并取得良好的教学效果；另一位教师则可能探讨如何通过视频制作增强学生的学习兴趣。教师们不仅能从他人的成功经验中获取灵感，还能相互借鉴，学习如何解决相似的教学问题。

为了确保案例分析的有效性，可以邀请一些在新媒体应用方面有成功经验的教师或专家进行指导。这些专家可以提供宝贵的见解，帮助教师理解成功案例背后的教学理念和方法。此外，专家的参与能够提升案例分享的专业性，确保讨论内容的深度与广度。教师在分析和讨论中，能够更好地掌握新媒体工具的使用和整合技巧，从而提高自身的专业能力。通过组织定期的分享会，教师们可以在轻松的氛围中讨论彼此的教学实践。这种网络不仅提供了情感支持，也激励教师在教学中进行创新尝试。分享会可以设定主题，比如"新媒体在思政教育中的创新应用"，鼓励教师围绕主题进行准备并展示自己的教学实践。这样的活动不仅让教师感受到集体的力量，也增强了团队协作意识，激发了共同成长的动力。

分享机制还可以通过线上平台进行扩展，建立一个永久性的案例库。教师们可以上传自己的成功案例，分享教学视频和教学材料，供其他教师参考和学习。这种资源共享不仅有助于教师随时获取灵感，还能推动跨学科的交流与合作。教师们在使用这个平台时，可以对案例进行评论和反馈，从而促进深入讨论和反思。通过考察教师在案例分享中的积极参与程度及其所带来的教学改进效果，学校能够更好地理解教师在新媒体应用中的成长过程。这种机制不仅推动教师持续学习，也确保媒介素养的提升能够在实际教学中取得实效。

3. 模拟教学与反馈环节

通过模拟教学，教师能够在一个相对安全和支持的环境中，实践新媒体的应用。这一过程不仅可以提高他们的教学能力，还能增强其在实际课堂中的自信心。模拟教学为教师提供了一个真实的演练机会，使他们能够在同行面前展示自己的教学设计与实施。这样的设置不仅减轻了教学压力，还鼓励教师大胆尝试新方法，探索新媒体工具的使用。在模拟教学过程中，教师们可以选择他们希望展示的课程内容和新媒体应用方式。无论是通过社交媒体进行互动，还是利用视频进行课堂讲解，这些实践都将让教师在真实情境中感受课堂氛围。教师不仅能锻炼自己的表达和互动能力，还能通过实际操作来检验他们的教学设计是否有效。这种亲身体验有助于他们更深入地理解新媒体在思政教育中的具体作用。

模拟教学环节后，教师们将收到同行的即时反馈。这种反馈机制是提升教学能力的关键所在。在模拟后，参与教师可以对展示者的表现进行评价，提出具体的建议与改进意见。这不仅能帮助教师识别自身的不足，还能促进他们在实践中进行自我反思。同行的视角往往能揭示出教师自身未曾察觉的问题，从而为教师提供改进的方向。除了口头评价，教师们还可以填写反馈表，提供更为详细和结构化的建议。这种反馈不仅可以涵盖教学内容的组织、使用新媒体的效果，还可以涉及与学生互动的策略等各个方面。通过这种系统化的反馈，教师可以获得全面评估，从而更有针对性地进行后续的改进与调整。

模拟教学与反馈环节不仅是一个单向的过程，而是一个互动与学习的机会。教师们可以进行讨论，分享各自的见解与经验。这种集体智慧的交流不仅丰富了反馈内容，也为教师提供了更多的灵感与解决方案。此外，同行的支持和鼓励能够增强教师的自信心，使他们在面对实际教学挑战时更加从容不迫。为了使模拟教学更具成效，可以定期安排这些活动，并为参与教师提供充分的准备时间。这种持续的实践与反馈机制不仅能够帮助教师不断提升自己的媒体素养，也能够在整个教育团队中营造一种学习与成长的氛围。教师们在相互支持与学习中，逐渐形成共同进步的动力，从而提升思政教育的整体质量与效果。

（三）鼓励跨学科合作与经验分享

新媒体技术的广泛应用性意味着每一个都能够运用新媒体，而教师作为新媒体的使用者之一，由于教师的专业限制，并不是及时或熟练地运用新媒体，而作为计算机专业教师，在掌握新媒体方面有着自身专业的优势，因此，跨学科合作能够提升运用新媒体的水平，提升教师媒介素养。

1. 建立跨学科合作平台

跨学科的合作可以通过定期举办联合研讨会实现。在这些研讨会上，各学科教师可以分享他们在教学中应用新媒体的成功案例和经验。这种分享不仅能让教师从他人的实践中汲取灵感，还能加深对不同学科之间相互影响的理解，发现如何将各自的优势结合起来，提升思政教育的整体效果。通过共同开发和实施跨学科的课程，教师可以在实际教学中探索媒体素养的应用。这种课程设计往往要求教师们在课程内容和教学方法上进行深度合作，从而确保不同学科知识的有机融合。例如，历史学与传媒学的教师可以共同设计一个项目，让学生在学习历史事件的同时，分析媒体在这些事件中的角色。这种实践不仅丰富了课程内容，也帮助学生在跨学科的学习中培养批判性思维。

教师们可以聚在一起，基于各自的学科背景，探讨如何将新媒体元素有效融入课程中。不同学科的教师可以相互启发，借鉴各自的教学方法与理念，从而创造出更加多元和互动的学习体验。这种合作不仅增强了教师的团队意识，还促进了教学创新，使得思政教育在新媒体环境下更加生动和吸引人。建立有效的跨学科合作平台还需要高校管理层的支持与引导。高校应积极提供必要的资源与激励措施，例如设立专项资金、奖励跨学科教学成果等，以鼓励教师参与跨学科合作。通过提供便利的条件和平台，教师们能够更主动地参与到合作中，促进知识与经验的交流与共享。

2. 互相借鉴成功案例

互相借鉴成功案例是一种行之有效的策略。这种做法鼓励教师在跨学科的交流中，分享各自的成功教学案例，尤其是在新媒体应用方面的创新实践。成功案例的分享为教师提供了宝贵的学习资源。通过分析其他学科教师的教学方法和实践，思政教育工作者可以获得新的灵感和思路，从而帮助他们发现将新媒体元素有效整合进自身课程的可能性。在这种跨学科的交流中，教师们可以共同探讨各自的成功经验。例如，某位教师可能分享了如何利用社交媒体开展互动式讨论，通过线上平台增强学生的参与感和兴趣。这一案例能够启发思政教师思考如何在自己的教学中应用类似的方法，利用新媒体来提升学生对思政内容的理解与兴趣。教师们通过借鉴成功案例，能够在实践中探索新的教学策略，从而丰富自己的教学手段。

通过对成功教学实践的探讨，教师们可以看到他人在面对相似挑战时所采取的策略与应对措施。这种经验的分享不仅能减少教师们在教学中摸索的时间，也能够让他们在实施新媒体应用时更加自信。比如，如果某位教师成功地将视频制作融入课堂，而另一位教师在这方面面临困扰，那么通过案例讨论，后者便可以学习到前者的具体实施步骤和注意事项。通过分析不同学科中的创新实践，教师们能够开阔思路，拓宽视野，从而发现更多将新媒体元素融入教学的方式。这种灵活的思维方式将促进教师们在教学设计中进行更大胆的尝试和创新，推动思政教育的现代化。高校还应鼓励教师参加区域性或全国性的教学研讨会，分享和学习来自其他高校的优秀实践。这样的活动不仅能够提升教师的专业素养，也能够为他们提供更广泛的视野，从而更好地适应新时代的教育需求。

3. 共同开发多媒体教学资源

共同开发多媒体教学资源是提升高校思政教育工作者媒体素养的重要策略。通过跨学科教师的合作，可以创造出更为丰富和多样化的教学材料，进而有效提高教学效果。合作开发多媒体教学资源能够集思广益，整合不同学科的知识和视角。例如，历史教师与传媒教师可以联合开发一个关于媒体在历史事件中作用的在线课程。这种课程不仅提供了历史背景，也让学生理解媒体如何塑造和影响社会观点，从而加深他们对思政内容的理解。教师们可以共同设计视频资源和互动平台，利用各自的专业特长来丰富教学材料。比如，文学教师可以负责撰写剧本，而艺术教师则可以负责视觉设计，这样的跨学科合作能够创造出高质量的多媒体资源。这种共同开发的过程不仅提高了资源的专业性和趣味性，还促使教师之间建立更紧密的合作关系，增强了团队合作意识。

通过结合不同学科的视角，教师能够为学生提供更加全面和立体的学习体验。例如，在思政课程中使用科学实验视频，或是将社会学的案例与哲学的理论相结合，都能使学生在学习中看到更丰富的知识联系。这种多元化的学习方式不仅增加了学生的参与感,也提升了他们的学习动力,从而增强思政教育的吸引力与有效性。教师们可以利用在线平台来共享和讨论这些多媒体资源。通过定期的资源更新和反馈机制,教师们可以共同完善和优化这些教学材料。这种持续的合作不仅有助于保持资源的时效性和实用性,还能促进教师之间的专业发展,使他们在合作中不断提高自身的媒体素养。借助现代技术,教师们可以轻松共享多媒体资源,使得教学更加灵活和便捷。这种资源的开放与共享,能够促进更多教师的参与,从而形成一个积极的教学社区。通过这种共同开发的方式,不仅提高了教师的教学能力,也为学生创造了更加丰富的学习环境,使思政教育在新媒体时代更具活力和吸引力。

(四) 建立持续的支持体系与反馈机制

由于新媒体技术发展的速度十分快,往往在掌握了其中一个媒体技术时,另一媒体就已经出来,因此,教师在使用新媒体进行教育教学活动,需要建立持续支持的体系,能够持续地为教师提供支持和反馈,持续不断地提升教师运用新媒体的能力。

1. 设立教师学习社区

设立教师学习社区是提升高校思政教育工作者媒体素养的重要举措,通过"联合高校、社会和相关教育机构的力量,坚持开放和多元的媒介教育理念,强化教师的智能媒介思维,提升智能媒介应用能力和参与技能。"[①] 这一社区为教师提供了一个专门的平台,促进经验和知识的共享,进而提升整体教学效果。学习社区能够成为教师们交流的核心场所。在这里,教师们可以随时进行讨论,分享他们在教学过程中遇到的挑战与成功经验。通过开放的交流,教师们可以获得不同的视角,了解他人在新媒体应用中的创新策略,这无疑将拓宽他们的教学思路。教师在日常教学中往往面临孤立的情况,而学习社区的设立则打破了这种孤立感。教师们可以在社区中找到志同道合的同行,建立起支持性的人际关系网络。通过定期的线上或线下活动,教师们不仅能够分享彼此的教学策略,还能够

---

① 蒋秀江. 智能媒体时代高校教师媒介素养提升路径研究 [J]. 传媒论坛, 2024, 7 (08): 111-113.

互相鼓励，形成积极向上的学习氛围。这种互助关系使得教师们在面对教学挑战时，能够获得更多的支持与建议，从而提升自信心和专业能力。

通过举办主题讨论、研讨会和工作坊等活动，教师们可以深入探讨新媒体应用的各种挑战。例如，某位教师可能在应用社交媒体时遇到困难，其他教师则可以根据自身的经验提供解决方案或建议。这种交流能够激发教师们的创造力，使他们在实际教学中敢于尝试新的方法，探索新的媒体工具，从而提升教学效果。教师可以在社区中分享自己在新媒体应用中的学习资源，如书籍、在线课程和教学案例。这不仅有助于教师个人能力的提升，也能为整个社区的知识积累做出贡献。通过持续学习与反思，教师们能够在实践中不断优化自己的教学方法，确保新媒体的有效整合。为了确保学习社区的活跃度，管理者也应积极推动各项活动的开展。这包括定期更新社区内容、组织培训和分享会等。通过有效组织和管理，教师们的参与度将会显著提升，进而形成一个良性循环，促进教师之间的合作与创新。

2. 开发在线资源平台

开发在线资源平台是提升高校思政教育工作者媒体素养的重要策略。这一集中化的平台将提供丰富的教学资源和工具，极大地方便教师在日常教学中获取所需信息。在线资源平台可以汇集各类教学视频、案例、文章和应用指南，形成一个全面的知识库。教师们只需通过简单的搜索，就能够迅速找到与他们教学相关的内容。这种便捷性将有效减少教师在资源查找上的时间，提高他们的工作效率。平台上的视频教程尤其重要。教师可以观看专业人士或经验丰富的同行分享的教学技巧与方法，掌握新媒体工具的使用。这些视频不仅涵盖了基础知识，还能展示复杂工具的具体操作过程。通过可视化的学习方式，教师们能够更快地理解和应用新媒体，从而提升自身的教学能力。此外，教学案例的分享也能够激励教师探索更多创新的教学策略，帮助他们在实践中找到适合自身课程的解决方案。

平台应鼓励教师上传自己的教学案例和经验分享，这样可以形成良好的知识共享氛围。教师们在共享自己成功与失败的经验时，不仅能够获得反馈，还能促进自身的反思和成长。这种互动性将使资源平台不仅成为知识的存储地，更是一个活跃的学习社区，教师们可以在此相互学习、共同成长。此外，在线资源平台还应包括应用指南，帮助教师快速上手新媒体工具。这些指南可以涵盖从基础操作到高级应用的各个方面，使得教师在遇到具体问题时，能够迅速找到解决方案。例如，针对如何利用社交媒体进行课堂互动，可以提供详细的步骤和注意事项。通过这种系统化的支持，教师在面对新媒体教学时的信心和能力将得到显著提升。

简洁明了的界面和易于导航的结构将使教师能够轻松找到他们所需的资源。通过定期更新和维护，确保平台上的信息始终保持新鲜和相关性，这对于教师来说至关重要。总之，建立一个集中的在线资源平台，将为教师提供强有力的支持，助力他们在新媒体教学中取得更好的效果。

3. 实施定期反馈机制

实施定期反馈机制是提升高校思政教育工作者媒体素养的有效方法。这一机制不仅为教师提供了及时的指导和建议，还创造了一个支持性的环境，鼓励他们在教学中进行持续的自我反思和改进。定期评估和观察能够帮助教师及时识别在使用新媒体时遇到的问题。通过定期的课堂观察，资深教师或教务人员可以提供具体的反馈，指出教学中的优点与不足。这种即时反馈将使教师能够迅速调整教学策略，优化课堂效果。此外，反馈会议的设立为教师们提供了一个交流的平台。在这些会议上，教师们可以分享他们在使用新媒体时的成功经验和面临的挑战。通过共同探讨和分析这些经验，教师们能够学习到不同的解决方案，从而提高自己的教学能力。这种分享不仅有助于个人成长，也能加强教师之间的联系，形成互相支持的氛围，让他们在面对教学问题时感受到不再孤单。

通过定期的评估与反思，教师们能够清晰地看到自身的进步与不足。这种意识将激励教师在教学中不断创新和尝试新方法。例如，某位教师在观察反馈中获悉使用某种新媒体工具的有效性，这可能促使他在下一次课堂中大胆尝试这一工具，从而提升课堂互动性和学生参与感。教师在分享自己使用新媒体的成功案例时，不仅获得认可，还能在同行的鼓励下增强自我效能感。当教师们看到自己的努力带来积极成果时，他们会更加坚定地探索和应用新媒体，这种积极性将进一步促进他们在教学中的探索精神和创新意识。总之，通过设立定期反馈机制，高校能够为思政教育工作者提供系统化的支持，助力其专业发展与媒体素养的提升。

第二节 大学生的新媒介素养培育与发展

新媒体不仅仅是教师所运用和掌握，能够成为教育资源和教学方式，同时，大学生的媒介素养同样构成了教育教学活动中的重要内容，"新媒体时代，以社会为主要功能的网络平台已经成为人们日常生活、学习中不可或缺的一，游戏、电商、短视频等新媒体平台也不断拓展社交功用，使得网络交际已经全面进入人们的生活。[①]"新媒介素养是现代公民应具备的基本素养之一，但是由于年龄、性别、职业等因素不同，不同的社会成员之间的媒介素养具有不同的特点。大学生在处于从不成熟到成熟的发展时期，个体的价值观未能稳定，他们的新媒介素养对于确保高校价值观教育有效性有着十分重要的现实意义。

一、大学生媒介素养的特点

青年大学的发展与新媒体的发展是同步的，新媒体与青年大学生有着天然的联系，大学生在日常生活中接触的网络时间更长，而且新媒体已然成为大学生获得信息的重要途径。因此，大学生的媒介素养呈现出新的特点：

（一）获得信息能力强但辨别力不足

大学生是随着新媒体的成长而成长起来的一代，他们能够熟练地使用网络新媒体，能够熟练地运用种引擎搜索，同时，他们的获得信息的能力非常强，但是由于他们的社会阅历不足，对于所获得信息的识别力还是十分有限的，"青年大学生是新媒体的重要参与主体，相较于从现实世界中获得信息，他们更倾向于利用碎片化的时间从新媒体平台上快捷地汲取信息，但是由于他们的媒介素养和独

---

① 董夏子. 新时代高职学生新媒体素养培育的路径探究[J]. 新闻传播，2024，(14): 168-170.

立思考的能力还未完全成熟，对信息的把握和社会现实的洞察还比较难，容易随着媒体的逆向思维，陷入'自我认识困境'，不利于建立理性的思维习惯和正确的价值观。"[1] 与此同时，大学生对于外来的意识形态的警觉性相对较弱。新媒体技术使得文化的交流多元，各种西方的意识形态通过网络媒体渗透到大学生生活和学习当中的方方面面，而且西方意识形态的渗透有着高度的隐匿性，大学生不容易发现其中的意识形态问题。

（二）使用新媒体的能力有待提高

新媒体的出现，人都能够参与到信息的生成、传递当中，而且每一个人都能够打造个人媒体平台。大学生是活跃于各个媒体平台的重要人群。但是，大学生使用媒体平台更多的是个人的生活感悟、情感问题或是人际交往问题，对于学术问题、学习问题和对公共事务的讨论不多见，缺失了对公共事务的独立思考与反思的能力。同时，在使用新媒体的过程中，缺乏了一定的网络责任意识，部分大学生发布一些不良的信息。

（三）过于依赖新媒体

大学生的成长与新媒体的发展有着深度融合性，大学生运用新媒体的技术水平较高，对于新媒体有着强烈的需要，他们不仅仅是在于新媒体的娱乐功能，还关注新媒体当中网络功能、知识功能，因此，新媒体不仅仅成为青年大学生的手段，更成为他们的生活方式，对他们的道德品德、审美情趣等有着深刻的影响。

二、大学生媒介素养面临的新挑战

新媒体引发的环境的变化，对大学生的媒介素养提出了新要求，同时，大学媒介素养同影响着价值观的干。一方面，高校价值观教育中如何能够充分发挥大学生的媒介素养的积极方面，就能产生积极、正向的教育效果，新媒体能够丰富教学手段、充实教学过程、提升教学效果。其次，新媒介技术的变化为高校价值观教育提出了新的任务。在教育的过程中，培养学生的批判意识，使学生能够自主地分析媒体信息内容，从而能够参与到媒体内容的传播，在这一个过程中建立

---

[1] 严洁，姜羡萍.新媒体视域下创新高校思想政治教育探析 [J].学校党建与思想教育，2021，(20)：72-74.

起正确的价值观。

(一) 新媒体成为影响大学生的生活学习方式的重要变量

新媒体不仅仅是大学生的工具,同时也是他们的存在方式和学习方式,青年大学容易沉溺于虚拟世界而远离人的现实生活。使他们容易自我封建、脱离社会,从而产生情感障碍、心理脆弱和身体健康的问题。同时,由于青年大学生能够在网络中满足个人的需要,沉溺于网络世界会助长学生的个人主义,不利于大学生的集体主义意识和家国情怀。一旦远离了网络世界回到现实生活当中,大学生就会产生不适应的心理,不利于大学生社会化。为了应对新媒体带来的挑战,高校需要采取积极的措施,引导大学生正确使用新媒体,培养他们的媒介素养。首先,高校应加强媒介素养教育,通过开设相关课程,让学生了解新媒体的利与弊,学会理性地使用新媒体。其次,高校应鼓励学生参与社会实践,通过组织各种社会活动,让学生在现实生活中找到归属感和成就感,从而减少对虚拟世界的过度依赖。此外,高校还应加强心理健康教育,帮助学生建立健康的心理状态,提高他们的情感调节能力和抗压能力。通过心理辅导、团体活动等方式,帮助学生解决情感障碍、心理脆弱等问题。同时,高校应注重培养学生的集体主义意识和家国情怀,通过课程设置、校园文化活动等方式,引导学生关注社会现实,增强社会责任感。最后,高校应充分利用新媒体的优势,将其作为教育手段,丰富教学内容和形式。通过新媒体平台,教师可以与学生进行更有效地互动,提高教学效果。同时,高校应加强网络空间环境的管理,营造一个健康、积极的网络氛围,引导学生正确使用新媒体,避免不良信息的干扰。通过这些措施,高校可以更好地应对新媒体带来的挑战,促进大学生的全面发展。

(二) 多元文化冲击着主流价值观教育

随着新媒体技术的迅猛发展,各种各样的信息如潮水般涌来,充斥在各类新媒体平台上。这些信息纷繁复杂,宛如泥沙俱下,对我国社会主义核心价值观的建设带来了一定程度的冲击和挑战。特别是对于一部分青年大学生而言,由于他们对西方意识形态的理解不够深入,缺乏足够的警惕性,这在一定程度上影响了他们正确价值观的形成和确立。面对这样的现状,作为高校思想政治教育的工作者,我们有责任和义务提升自己的思想水平和媒介素养。我们需要具备敏锐的洞察力,能够透过纷繁复杂的信息表象,揭示其背后隐藏的价值指向和意识形态倾向。只有这样,我们才能更好地引导青年大学生正确理解和辨别各种信息,帮助他们树立和巩固正确的价值观,从而为我国社会主义核心价值观的传承和发展作出积极的贡献。

(三) 信息零散性与碎片化影响价值观教育的系统性

新媒体技术的飞速发展,已经深刻改变了传统以文本为主导的信息传播模式,引入了非线性的网状信息结构。在这一背景下,青年大学生群体普遍倾向于采用电子阅读载体作为信息获取的主要渠道。他们能够通过多元化的媒体平台接触到海量的信息,但这些信息往往承载着巨大的数据量,其结构也呈现出碎片化的特征。

价值观的形成,本质上需要建立在系统而稳固的理论基础之上。然而,新媒体所展现出的碎片化、零散化的信息特点,无疑对价值观教育构成了新的挑战。这种挑战要求我们重新审视并调整教育策略,以更好地适应当前信息时代的发展需求。面对这一挑战,教育机构和教育者应当积极应对,采取一系列措施来加强和改进价值观教育。首先,我们需要强化理论教学,确保学生能够掌握系统、完整的知识体系。通过优化课程设置和教学内容,我们可以帮助学生建立起坚实的理论基础,为他们的价值观形成提供有力的支撑。同时,我们还应注重理论与实践的结合,通过案例分析、社会实践等方式,让学生在实际操作中深化对理论知识的理解和应用。其次,针对新媒体环境下的碎片化信息特点,我们可以引导学生学会筛选和整合信息。通过培养学生的批判性思维和信息素养,我们可以帮助他们识别并过滤掉无用或有害的信息,从而更加高效地获取有价值的信息。此外,我们还可以通过组织专题讨论、开展阅读分享等活动,引导学生深入探讨某一领域或话题的深层次问题,培养他们的综合分析和判断能力。再者,我们应充分利用新媒体技术的优势,创新价值观教育的形式和手段。通过开发在线课程、建立网络学习平台等方式,我们可以打破时间和空间的限制,为学生提供更加便捷、灵活的学习渠道。同时,我们还可以利用社交媒体、短视频等新媒体工具,以更加生动、形象的方式呈现价值观教育的内容，提高学生的学习兴趣和参与度。

最后，我们需要加强家校合作和社会共育。家庭和社会是青年大学生成长的重要环境，对于他们的价值观形成具有重要影响。因此，我们应与家长和社会各界保持密切联系，共同关注青年大学生的成长需求和发展动态，形成教育合力。通过举办家长学校、开展社会实践活动等方式，我们可以引导学生积极参与社会实践和志愿服务活动，培养他们的社会责任感和公民意识。

综上所述，面对新媒体技术带来的挑战和机遇，我们需要以更加开放、包容和创新的姿态来应对。通过强化理论教学、引导学生筛选和整合信息、创新价值观教育的形式和手段以及加强家校合作和社会共育等措施，我们可以为青年大学生提供更加全面、深入和有效的价值观教育。

三、提升大学生媒介素养的路径

在当今时代，新媒体场域的兴起极大地拓展了高校价值观教育的空间范围。这一变革不仅为知识信息的传播和思想交流提供了更为广阔和多元的平台，还为大学生们提供了一个虚拟的网络空间，使他们在其中能够更加自由地表达和满足自己的需求。在这个虚拟世界中，大学生们可以接触到各种各样的观点和思想，从而拓宽他们的视野和认知。然而，随着新媒体的普及和应用，大学生们在参与其中时，对他们的媒介素养提出了更高的要求。媒介素养不仅包括对信息的获取、分析和判断能力，还包括对信息的创造和传播能力。因此，高校在进行价值观教育时，需要注重培养学生的媒介素养，使他们能够在这个信息爆炸的时代中，具备辨别真伪、独立思考和理性表达的能力。通过提升大学生的媒介素养，他们将能够更好地利用新媒体平台，积极参与到知识信息的传播和思想交流中去。这样，他们不仅能够从各种信息中汲取有益的知识，还能够在交流中提升自己的思维能力和表达能力。最终，这将有助于他们在未来的学习、工作和社会生活中，更好地适应和应对各种挑战，成为具有高度社会责任感和创新精神的新时代青年。

（一）开设相关的媒体素养课程

高校可以通过开设一系列与媒介素养提升相关的课程，将这些课程有机地融入日常的教学体系中，从而实现对大学生新媒介素养的直接和有效地提升。具体来说，高校可以在学生的选修课程中增设新媒介素养教育课程，通过课堂教学的方式，传授新媒介素养的理论知识、信息传播的技巧以及运用新媒体信息的能力。这样的课程设置旨在帮助学生掌握如何在信息爆炸的时代中筛选、分析和利用信息，从而提高他们的信息辨别能力和对相关法律法规的理解，进而培养健全的人格，促进个人的全面发展。此外，高校还可以通过开办与新媒体相关的社团组织，进一步丰富学生的媒介素养教育。这些社团可以举办各种形式多样、内容丰富的活动，例如网页设计大赛、微信推文大赛、APP设计大赛等，将社会的热点问题和焦点问题融入活动中，让学生在实践中学习和掌握新媒体的运用技巧。通过这些活动，学生不仅能够提升自己的网络媒体素养，还能够学会如何利用新媒体工具来关注和解决现实生活中的媒体问题，从而更好地理解和掌握传播的信息和内容。为了进一步加强学生的媒介素养教育，高校还可以定期举办一些专门的活动，如讲座、研讨会和论坛等。这些活动可以邀请相关领域的专家学者进行讲授和讨论，为学生提供更深入的理论知识和实践经验。通过这些活动，学生不仅能够获得专业的指导和教育，还能够与专家进行互动交流，从而更全面地提升自己的媒介素养。总之，高校在提升大学生新媒介素养方面，可以通过多种途径和方法，将媒介素养教育融入日常的教学体系中，通过开设相关课程、举办社团活动和专业讲座等多种形式，全方位地提升学生的媒介素养，帮助他们在信息时代中更好地成长和发展。

(二) 整合多种媒介资源，形成新媒体教育合力

高校可以通过整合校内外的各种资源，共同构建一个强大的媒介素养教育网络。高校可以充分利用校内学习工具，广泛开发校内媒介资源，引导大学生积极参与校内外媒介实践活动，营造良好的媒介教育氛围[①]。例如，高校可以充分利用校园广播、微信公众号、易班等校内媒介资源，向大学生传授媒介知识和使用技巧。通过这些渠道，学生不仅能够掌握媒体的功能和特性，还能提升他们对信息的获取、分析和理解能力。这样，大学生在面对海量网络信息时，能够具备更

---

① 侯茜苑. 浅析新媒体时代高校大学生媒介素养及其培养路径[J]. 融媒, 2024, (08): 59-62.

强的辨别和驾驭能力，从而更好地筛选和利用信息。

此外，高校还应加强与校外媒体人员的联系与合作。通过邀请媒体从业人员，如经验丰富的记者、主持人等，走进校园开展讲座、工作坊等活动，可以极大地扩大学生的媒介视野。这些专业人士的亲身体验和专业知识，能够帮助学生更深入地了解媒体行业的运作机制和内在逻辑。通过近距离接触媒体，学生能够更加直观地认识到媒体在现代社会中的重要性，从而提升他们对媒体的认识和理解。这样的互动不仅有助于学生建立起正确的媒体观念，还能激发他们对媒介素养教育的兴趣和热情。

（三）优化网络空间环境，形成良好的网络空间

随着互联网技术的迅猛发展，网络的社会化和社会的网络化已经成为人们普遍认同和接受的一种现象。网络已经渗透到人类生活的各个领域，成为人们日常生活不可或缺的一部分。人们通过网络获取信息、交流思想、娱乐休闲，网络已经成为一种全新的存在方式。网络所传递的信息不仅涵盖了社会的政治、经济和文化等多个方面，而且在很大程度上影响着人们的价值观和行为方式。

为了确保网络环境的健康发展，打造一个良好的网络空间显得尤为重要。通过营造一个积极向上的网络传播氛围，可以有效地避免和遏制不良信息和思潮对青年大学生的负面影响。青年大学生正处于人生观、价值观形成的关键时期，他们对信息的辨识能力和抵御不良信息的能力相对较弱。因此，打造良好的网络空间，不仅有助于保护青年大学生的身心健康，还能帮助他们树立正确的世界观和价值观。此外，加强对网络信息的管理和控制，也是形成良好网络环境的重要手段。通过建立健全的网络信息管理制度，最大限度地控制网络传播信息，可以有效防止虚假信息、暴力内容、色情低俗等不良信息的传播。这样不仅能够净化网络环境，还能为公众提供一个更加安全、健康、有序的网络空间。总之，网络的社会化和社会的网络化已经成为不可逆转的趋势。打造良好的网络空间，营造良好的网络传播氛围，对于保护青年大学生的身心健康、形成良好的网络环境具有重要意义。只有通过全社会的共同努力，才能实现网络空间的健康发展，为人们创造一个更加美好的网络世界。

第三节 媒体素养与高校价值观教育的实践应用

2021年，中共中央、国务院印发了《关于新时代加强和思想政治工作的意见》中指出："推动思想政治工作传统优势与信息技术深度融合"。随着移动互联网及信息技术的快速发展，以微博、微信、抖音等为代表的新媒体平台，以其强大的功能、丰富的内容，对大学生的学生、生活和价值观等都产生了巨大的影响[①]。无论是高校教师的媒体素养，还是学生的媒体素养，于高校价值观教育而言都带来了新的机遇，也带来了新的挑战，高校价值观教育要关注师生之间的媒体素养，将媒体素养与高校价值观教育进行融合发展，提升价值观教育的有效性。

一、理论与实践结合的课程设计

在思政课程中，通过引入媒体素养的相关理论，教师能够为学生提供一个分析和理解社会现象的框架。这种结合不仅帮助学生掌握媒体素养的基本概念，还能在实际案例分析中增强他们的批判性思维能力。具体而言，教师可以通过案例分析来探讨具体事件的媒体报道，例如重大新闻事件、社会运动或公共政策的宣传等。通过对这些案例的深入剖析，学生能够理解媒体在信息传播中的作用，以及如何识别信息的真实性与偏见。这一过程使学生在真实的情境中学习，提升了他们对媒体内容的敏感度。以培养大学生的社会主义核心价值观和责任意识为核心目标，在课程教学过程中紧密结合最新理论和案例，以引入优质教学资源为抓手，系统而深入地展开媒介素养教育[②]。教师还可以鼓励学生参与新闻评论活动，让他们在实际操作中运用所学的理论知识。通过撰写评论文章，学生不仅能够锻炼自己的写作能力，还能在反思和分析中深化对事件的理解。教师可以提供相关的指导，帮助学生构建清晰的论点，合理地运用事实和数据支持他们的观点。这种方式不仅提高了学生的媒体素养，还培养了他们的逻辑思维能力和批判

---

① 马松，孙秀玲.新媒体赋能高校思政教育的应用价值、现实瓶颈及实践路径[J].传媒，2023，(11)：83-86.

② 唐雪莲，刘雪.5G背景下高校新媒介素养教育创新研究[J].新闻世界，2022(02).

性分析能力。

实践性活动如模拟新闻发布会、辩论赛或社交媒体内容创作等，都可以有效促进学生的参与感和实践能力。在模拟新闻发布会上，学生可以扮演不同的角色，如记者、发言人和观众，在互动中锻炼他们的沟通能力和团队合作精神。这种形式的教学活动能够让学生在模拟环境中体验真实的媒体操作过程，帮助他们更好地理解媒体的运作机制和社会影响。在理论与实践结合的过程中，教师需要及时进行反馈与评估，以确保学生能够有效地理解所学内容。通过定期的课堂讨论、作业评审和小组项目展示，教师能够掌握学生的学习进度，针对性地调整教学策略。此外，鼓励学生互相评价和讨论也有助于他们在反馈中学习，提高了课堂的互动性和学习的深度。

媒体环境日益复杂，信息的来源和形式多样化。因此，培养学生的媒体素养显得尤为重要。通过理论与实践相结合的课程设计，学生能够更加自信地应对复杂的信息环境，具备辨别真伪、分析内容的能力。无论是在课堂上还是在生活中，他们都能应用所学知识，做出明智的判断和决策。

二、 媒体技术的多样化运用

现代媒体技术为思政教育提供了多样化的手段，极大地丰富了教学形式与内容。利用社交媒体、在线平台和多媒体资源，教师能够创造出生动且具吸引力的教学环境。社交媒体的广泛使用使得教师能够在课程中更有效地与学生进行互动。通过创建班级社群、微信群或 Facebook 小组，教师可以分享相关的新闻、视频和文章，让学生在课外也能保持对思政内容的关注。这种方式不仅增加了课堂外的学习时间，还促进了学生之间的交流与讨论，提升了他们的学习积极性。教师可以利用各类在线学习平台，发布课程资料、讨论题目和作业，让学生自主学习和参与讨论。教师还可以设置在线测验和反馈，让学生在学习过程中及时了解自己的掌握情况。例如，通过使用 Zoom、Google Meet 等视频会议工具，教师可以举办在线研讨会，让学生与专家进行互动交流，进一步拓宽他们的视野，提升对思政问题的认识。

教师可以通过制作短视频、图文并茂的 PPT 和互动式课件，展示复杂的思政内容。这种视觉化的呈现方式，使得抽象的理论和观点变得更加具体和易于理解。比如，教师可以通过视频案例分析，展示真实的社会现象及其背后的政治、经济因素，从而激发学生的思考和讨论。同时，利用音频播客也可以让学生在课外轻松获取相关知识，丰富他们的学习体验。通过实时互动，教师能够在课程中解答学生的疑问，及时回应他们的反馈。这种即时的沟通方式增强了学生的参与感，让他们在学习中感受到更多的互动与乐趣。教师可以通过直播讨论当前热点话题，引导学生进行深入分析，使他们在参与中不仅获取知识，还锻炼了批判性思维能力。

教师还应鼓励学生使用多媒体工具进行自主创作。这不仅能提升学生的实践能力，还能激发他们的创造力。例如，学生可以制作关于某一社会问题的短视频，通过调研和创作，表达自己的观点和看法。学生不仅巩固了所学的理论知识，还提高了信息处理与传播的能力。在运用现代媒体技术的过程中，教师应关注信息的准确性和多元性，确保学生能够接触到全面、客观的思政内容。通过引导学生在使用媒体资源时保持批判性思维，教师可以帮助他们识别信息中的偏见和误导，提高其媒体素养。此外，教师还需关注学生的参与情况，优化教学策略，确保每位学生都能在多样化的媒体环境中获得有效的学习体验。

三、学生自主探究的激励

通过鼓励学生自主运用媒体资源进行探究性学习，教师不仅能够帮助他们提升信息获取与处理能力，还能激发他们的学习兴趣和主动性。教师可以引导学生选择与当下社会相关的热点问题，鼓励他们围绕这些问题进行深入的调查和研究。这种自主选择的过程，使学生能够更加关注他们所关心的领域，从而增强学习的动力和参与感。在进行调查研究时，学生可以利用各种媒体资源，如网络文章、视频资料和社交平台的信息，收集和分析相关数据。教师可以教授学生如何有效地筛选信息，判断信息的真实性和可靠性。这一过程不仅锻炼了学生的信息素养，也提高了他们批判性思维的能力。通过实际操作，学生能够将课堂上学到的理论知识应用到现实生活中，从而更加深入地理解媒体素养的重要性。

学生可以选择感兴趣的主题，进行文献综述和案例分析，独立思考并形成自己的观点。教师可以提供指导，帮助学生明确论文结构、论点和论据的选择。这种自主学习的经历，能够让学生感受到研究的乐趣，并培养他们严谨的学术态度。此外，教师可以鼓励学生在撰写过程中多利用多媒体工具，将文字、图片和视频结合起来，使其论文更加生动有趣，增加表达的多样性。为了促进学生的自主探究，教师还可以组织定期的分享会，让学生展示他们的研究成果。学生不仅能够锻炼自己的表达能力，还能从同学的工作中获取灵感与反馈。这种互动学习的环境，能够有效增强学生之间的合作意识和学习动机。

教师应当关注学生在探究过程中的困惑与挑战，给予及时的支持和反馈。定期的个别辅导或小组讨论，可以帮助学生解决在研究中遇到的问题，使他们在自主学习的过程中感受到教师的关注和支持。这种积极的反馈机制，能够激励学生持续探索和深入研究，培养他们的独立思考能力和解决问题的能力。

四、信息传播与舆论引导的教育

通过教育学生如何分析和理解社会热点事件，教师能够帮助他们认识到媒体在塑造公众意见中的关键作用。这一过程不仅使学生意识到媒体信息的多样性，还促进他们形成独立的思考能力和批判性分析能力。例如，在讨论某一社会热点事件时，教师可以引导学生探索不同媒体对该事件的报道角度，分析这些报道是如何影响公众看法的。教师在课堂上可以通过具体案例来阐述舆论引导的机制。例如，某一事件在社交媒体上的传播方式，如何通过评论、转发等形成特定的舆论氛围。教师可以强调媒体的选择性报道及其对公众情绪的引导作用，帮助学生理解信息的背后可能隐藏的意图和利益。这种分析不仅丰富了学生的媒介素养，也使他们对信息的来源和内容有了更深刻认识。

学生可以发表自己对某一热点问题的看法，借助多媒体工具收集和呈现信息。学生不仅能提高自己的表达能力，还能够在互动中学习如何有效地进行论证和反驳。这样的实践活动使学生意识到，在信息传播中，他们不仅是接受者，更是参与者和引导者。此外，培养学生的社会责任感也是信息传播与舆论引导教育的重要方面。教师可以通过引导学生关注社会问题，激励他们积极参与公益活动和社会讨论，让他们在实践中理解作为公民的责任与义务。为了增强学生的媒介意识，教师还可以组织相关的专题讲座或研讨会，邀请媒体从业者或社会学者分享他们对信息传播和舆论引导的看法。这种实践活动不仅拓宽了学生的视野，也让他们接触到专业的分析和讨论，帮助他们形成更为全面的理解。

参考文献

一、经典著作类

[1] 马克思恩格斯选集（第1-4卷）[M]．北京：人民出版社，2012．

[2] 马克思恩格斯文集（第1卷）[M]．北京：人民出版社，2009．

[3] 马克思恩格斯文集（第2卷）[M]．北京：人民出版社，2009．

[4] 马克思恩格斯文集（第4卷）[M]．北京：人民出版社，2009．

[5] 马克思恩格斯文集（第5卷）[M]．北京：人民出版社，2009．

[6] 马克思恩格斯文集（第9卷）[M]．北京：人民出版社，2009．

[7] 马克思恩格斯文集（第10卷）[M]．北京：人民出版社，2009．

二、专著类

[1] 常青伟．思想政治教育环境渗透研究[M]．苏州：苏州大学出版社，2015．

[2] 陈秉公．21世纪思想政治教育工作创新理论体系[M]．长春：吉林教育出版社，2000．

[3] 陈成文．思想政治教育前沿问题十论[M]．北京：社会科学文献出版社，2013．

[3] 程栋．智能媒体时代新媒体概论[M]．北京：清华大学出版社，2019．

[4] 宫承波．新媒体概论[M]．北京：中国广播电视出版社，1999．

[5] 胡正荣，戴元光．新媒体与当代中国社会[M]．上海：上海交通大学出版社，2012．

[6] 李林英，郭丽萍．新媒体环境下高校思想政治教育学研究[M]．北京：人

民出版社，2015.

[7] 彭兰．新媒体用户研究：节点化、媒介化、赛博格化的人［M］．北京：中国人民大学出版社，2005.

[8] 邵培仁．传播学导论［M］．杭州：浙江大学出版社，1997.

[9] 熊澄宇．新媒体与创新思维［M］．北京：清华大学出版社，2001.

[10] 周小华等．基于新媒体技术的马克思主义传播［M］．北京：国家行政学院出版社，2012.

[11] 鲍宗豪．网络与当代社会文化［M］．上海：上海三联书店，2001.

[12] 姚宏宇，田溯宁．云计算：大数据时代的系统工程（修订版）［M］．北京：电子工业出版社，2016

[14] 袁贵仁．价值观的理论与实践［M］．北京：北京师范大学出版社，2013

[15] ［荷兰］丹尼斯·麦奎尔．大众传播理论［M］．崔保国、李琨译，北京：清华大学出版社，2010．

[16] 斯坦利·巴兰．大众传播概论：媒介素养与文化［M］．何朝阳，译．北京：中国人民大学出版社，2016：23.

[17] 邱伟光，张耀灿．思想政治教育学原理［M］．北京：高等教育出版社，1999

[18] 促进大数据发展行动纲要［M］．北京：人民出版社，2015.

[19] 邵培仁．传播学［M］．北京：高等教育出版社，2000：234.

[20] 《培育和践行社会主义核心价值观》编写组．培育和践行社会主义核心价值观［M］．北京：人民出版社，2014.

[21] 王学俭，刘强．新媒体与高校思想政治教育［M］．北京：人民出版社，2012

[22] 张国良．传播学原理［M］．上海：复旦大学出版社，1999

三、期刊类

[1] 崔群颖．中国式现代化融入"思想道德与法治"课教学的思考［J］．山西高等学校社会科学学报，2023，35（06）：24-28.

[2] 秦东方，张威．推动社会主义核心价值观在大学生群体中落细落小落实的三

个维度［J］. 北京教育（高教），2023（01）：85-87.

［3］阎占定，孙方正，李柯青. 关于新时代大学生社会主义核心价值观教育现状的调查分析［J］. 学校党建与思想教育，2023（01）：87-89+93.

［4］王振峰，李夏楠，张昕晨. 法学专业大学生社会主义核心价值观培育的教学实践路径探析［J］. 烟台职业学院学报，2022，17（04）：35-39.

［5］郭璇，邵烨波. 浅析大学生社会主义核心价值观"三融教育"的路径研究［J］. 浙江工商职业技术学院学报，2022，21（04）：80-84.

［6］彭建武. 大学生"躺平"现象的成因分析及其疏解路径探析［J］. 湘南学院学报，2022，43（06）：110-115.

［7］张志强. 社会主义核心价值观与高校思想政治教育创新研究［J］，河南社会科学，2018，26（2）：107-111.

［8］杨峻岭，武淑梅. 大学生社会主义核心价值观认同状况调查与分析［J］. 社会主义核心价值观研究，2018（4）：70-87.

［9］韩震，王临霞. 以社会主义核心价值观培育时代新人的历史演进与现实路径［J］. 东北师大学报哲学社会科学版，2019（3）：22-28.

［10］杨锟. 社会主义核心价值观引领下的高校网络文化育人研究［J］，学校党建与思想教育，2018（15）：87-88.

［11］普秋. 新媒体视域下的大学生社会主义核心价值观培育［J］. 齐齐哈尔大学学报（哲学社会科学版），2020（11）：177-179.

［12］唐黎，周志山. 新时代大学生社会主义核心价值观认同培育研究［J］. 学校党建与思想教育，2020（18）：29-31.

［13］吴其玥，赵光好. 新媒体时代高校思政课课程建设刍议［J］. 学校党建与思想教育，2022（09）：69-71.

［14］彭菊花. 新媒体：高校思想政治理论课的机遇与挑战［J］. 湖北社会科学，2019（10）：161-164.

［15］高萍，刘德赢. 高校新媒体与社会主义核心价值观教育创新融合研究［J］. 学校党建与思想教育，2018（13）：67-69.

［16］张旭昌，陈方辉. 新媒体在高校学生资助工作中的育人功能探析［J］. 学

思想教育，2024（02）：73-75.

[31] 杨果．高校官方微博社会主义核心价值观传播效果的影响因素及赋能路径——基于启发-系统模型的实证分析［J］．湖南师范大学社会科学学报，2023，52（05）：149-156.

[32] 邓斌，黄金龙．社会主义核心价值观贯穿高校思政课教学的逻辑理路与实践探索［J］．学校党建与思想教育，2023（11）：63-67.

[33] 武慧媛．高校媒体传播社会主义核心价值观的方向和路径［J］．中国高等教育，2023（11）：40-42.

[34] 田凤娟，妥颖，刘伟．社会主义核心价值观视域下高校人工智能伦理教育探析［J］．思想教育研究，2023（05）：122-126.

[35] 李娜，强文丽．高校社会主义核心价值观与中华优秀传统文化融合教育机制的探索［J］．学校党建与思想教育，2022（16）：44-46.

[36] 尹辉，王维平．传播效果视域的高校社会主义核心价值观教学策略［J］．思想教育研究，2022（07）：126-132.

[37] 高小泽，冯绍红．协同治理：高校领导干部职业价值观激励的新视角［J］．江苏高教，2022（07）：60-65.

[38] 朱忆天，李莉．社会主义核心价值观视域下高校校园文化建设路径探析［J］．学校党建与思想教育，2022（10）：72-75.

[39] 陈启超．社会思维视角下高校立德树人根本任务实现之新路——评《高校立德树人根本任务实现研究——社会主义核心价值观教育的社会思维》［J］．中国教育学刊，2022（01）：112.

[40] 张蓓蓓．高校社会主义核心价值观话语体系构建研究［J］．学校党建与思想教育，2021（24）：73-75.

[41] 张萌萌，唐俊．视觉文化在高校社会主义核心价值观教育中的应用［J］．学校党建与思想教育，2021（14）：16-18.

[42] 邹小华，汪榕焕．社会主义核心价值观贯穿高校教育教学全过程的路径探索［J］．江西师范大学学报（哲学社会科学版），2021，54（03）：89-94.

校党建与思想教育，2018（07）：93-94.

[17] 高建华. 新媒体与高校社会主义核心价值观的学习 [J]. 青年记者，2017（35）：128-129.

[18] 朱敏，曹杰. 基于"互联网+"新媒体育人创新研究 [J]. 中国高等教育，2017（Z2）：16-19.

[19] 何侃侃. 新媒体视域下历史虚无主义对大学生价值观的影响 [J]. 思想教育研究，2017（05）：62-64.

[20] 王景云. 新媒体对中国高校意识形态安全的冲击与应对 [J]. 思想教育研究，2017（04）：104-107.

[21] 凌烨丽. 论新媒体环境下高校青年教师健康社会心态的培育 [J]. 教育与职业，2016（20）：85-87.

[22] 陈松青，罗福. 树立"大宣传"观有效引导校园舆论 [J]. 中国高等教育，2016（07）：52-54.

[23] 陈旻. 新媒体条件下高校宣传思想工作的着力点 [J]. 思想理论教育导刊，2016（03）：137-139.

[34] 夏守信，贺占魁，李晓. 新媒体倒逼效应对高校社会主义核心价值观传播的影响及应对——以大学生群体为例 [J]. 黑龙江高教研究，2016（03）：62-65.

[25] 思想政治工作简述 [J]. 学校党建与思想教育，2015（24）：2.

[26] 金政. 高校培育践行社会主义核心价值观的创新路径——基于新媒体的视角 [J]. 中国成人教育，2015（23）：90-92.

[27] 苏畅. 新媒体背景下高校学生的信仰状况与应对措施 [J]. 理论视野，2015（04）：80-82.

[28] 韩文乾. 新媒体环境下高校社会主义核心价值观教育途径探析 [J]. 思想理论教育导刊，2015（03）：68-71.

[29] 柏路，包崇庆. 深刻把握高校社会主义核心价值观铸魂育人的基本规律 [J]. 中国高等教育，2024（11）：12-17.

[30] 陈珊珊. 高校辅导员广泛践行社会主义核心价值观探究 [J]. 学校党建与

[43] 李丹，胡新峰. 高校坚持以社会主义核心价值观引领文化建设制度化研究[J]. 思想政治教育研究，2021，37（02）：30-34.

[44] 王辉，陈文东. 论高校党建与社会主义核心价值观的"双引领"作用及其实现[J]. 学校党建与思想教育，2021（07）：45-47.

[45] 隋芳莉. 构建高校社会主义核心价值观教育评价长效机制研究[J]. 思想政治教育研究，2021，37（03）：63-67.

[46] 李寒梅. 社会主义核心价值观教育内化：高校思政课教学的关键[J]. 思想理论教育导刊，2021（02）：137-140.

[47] 薛桂琴. 高校课程思政背景下践行价值观教育目标研究[J]. 江苏高教，2020（12）：132-135.

[48] 郑露露，朱珠，施威. 微文化背景下高校社会主义核心价值观教育研究[J]. 学校党建与思想教育，2020（20）：85-86.

[49] 史明涛，盖甄迪. 论新时代高校社会主义核心价值观教育实践创新[J]. 中南民族大学学报（人文社会科学版），2020，40（04）：82-86.

[50] 陈华巍，王贵新，刘国军. 新媒体视域下大学生思想政治教育有效路径论析[J]. 思想教育研究，2016（03）：82-86

[51] 陈卓. 新媒体时代网络思想政治教育的特性分析——基于新制度主义的视角[J]. 当代教育科学，2018（03）：62-67

[52] 冯达成，黄光云. 社会主义核心价值体系贯穿于大学生思想政治教育全过程的接受机制探析[J]. 学术论坛，2013，（07）：219-222

[53] 高祥，谢晓娟. 短视频传播背景下高校思想政治教育话语转换路径探析[J]. 教育评论，2021（05）：27-33

[54] 李建秋. 论新媒介传播传授主体及其关系的转变[J]. 重庆邮电大学学报（社会科学版），2009（6）.

[55] 王学位，张哲. 论新媒体背景下马克思主义的有效传播[J]. 兰州大学学报（社会科学版），2012（1）.

[56] 何云峰，秦刚等. 大学生思想教育中新媒体利用的效力及策略[J]. 教育评论，2015（12）

［57］卢忠萍，唐国平等．微博对大学生思想政治教育的功能探究［J］．思想理论教育导刊，2012（6）．

［58］王铮，徐志远．微信对大学生思想政治教育的影响及对策探析［J］．思想理论教育导刊，2014（12）．

［59］尤妮娜．新媒体时代大学生思想政治教育工作创新路径探析［J］．学校党建与思想教育，2013（4）．

［60］赵宏．自媒体时代大学生思想政治教育面临的挑战与对策［J］．学术论坛，2013（5）．

［61］朱哲，薛焱．价值自觉、价值自信与价值实践——践行社会主义核心价值观的三个维度［J］．思想教育研究，2014（5）．

［62］张琴．新媒体时代大学生思想政治教育工作机制创新探究［J］．思想理论教育，2014（12）．

［63］汪馨兰，戴钢书．创新与发展：新媒体环境视域下的高校思想政治教育［J］．思想教育研究，2013（2）．

［64］邓纯余，路雪．网络语言流变视阈下社会主义核心价值观的传播［J］．广西社会科学，2016（4）．

［65］郑元景．新媒体环境下高校思想政治教育实效性探析［J］．思想理论教育导刊，2011（11）．

［66］高辉庆．借助微电影开展大学生思想政治教育的实践探索［J］．学校党建与思想教育，2015（2）．

［67］刘辉，宇文利．APP：大学生思想政治教育的新兴载体［J］．思想教育研究，2016（1）．

［68］骆郁廷，余杰．论思想政治教育的网络贯通［J］．探索，2023，（06）：161-172+2.［69］徐小强．数字时代思想政治教育创新发展探究［J］．学校党建与思想教育，2024，（16）：63-65.